DISSERTATION

GÉNÉRALE

SUR LE COMMERCE.

A Lyon,

CHEZ RUSAND, LIBRAIRE, IMPRIMEUR DU ROI.

PARIS, IMPRIMERIE DE POUSSIELGUE-RUSAND,
IMPRIMEUR DE S. A. R. M. LE DUC DE BORDEAUX,
rue de Sèvres, n. 2.

DISSERTATION

GÉNÉRALE

SUR LE COMMERCE,

SON ÉTAT ACTUEL EN FRANCE

ET

SA LÉGISLATION,

SERVANT D'INTRODUCTION AU *TRAITÉ COMPLET DU DROIT COMMERCIAL*,
EN SOUSCRIPTION;

Par M. P. H. Berryer père,

AVOCAT A LA COUR ROYALE DE PARIS.

A PARIS,

CHEZ MONGIE, LIBRAIRE,

BOULEVART DES ITALIENS, N. 10;

ET A LA LIBRAIRIE DE RUSAND,

rue du Pot-de-Fer Saint-Sulpice, n. 8.

1829.

DISSERTATION

GÉNÉRALE

SUR LE COMMERCE.

MOTIFS ET PLAN DE CET OUVRAGE.

Ecrire aujourd'hui sur le commerce en général, ou seulement sur sa législation, à la hauteur de sa puissance acquise, des intérêts et des besoins de la société, est désormais une entreprise difficile, périlleuse même, tant la matière est grave et d'ailleurs compliquée.

Ne raisonner que de ce qu'il est de sa nature, que de ses opérations habituelles, ce serait ne marcher que sur des terrains battus, n'y explorer que des vérités presque universellement répandues, familières à tous, et dont la redite serait peu attachante même pour l'étude de ses lois.

Une tâche plus importante, plus largement tracée , et surtout plus utile , est imposée maintenant à tout écrivain qui voudra mettre ses idées, sur la législation nécessaire au commerce , en harmonie avec les circonstances, avec les besoins actuels de cette colossale institution.

De simple agent de la société le commerce est devenu lui-même un grand corps dans l'état de la civilisation européenne, une autorité d'un poids immense dans la balance des pouvoirs : instrument de la richesse des nations, il s'est chargé pour elles du soin de la conquête et de leur agrandissement par des voies plus rapides , plus sûres, plus humaines que celle des armes et des guerres dévastatrices ; il s'est mis à la tête des conseils, sinon pour leur commander , du moins pour leur faire de la pratique de ses leçons une impérieuse nécessité.

Son action, essentiellement cosmopolite, lui ayant frayé le chemin des espaces et assigné à travers toutes les limites de sa domination ses destinations naturelles, force est bien au législateur lui-même , qui prétend le gouverner, de le suivre dans ses excursions.

Initié dans la haute politique des états assez intimement pour assister à ses délibérations, prescrivant les mesures analogues aux ambitions que déploie la diplomatie, le commerce n'est plus un être secondaire auquel il soit possible de conserver un régime d'administration ni même de législation rétrécie ; les destinées de l'Europe exigent, et elles exigent avec urgence, que l'on s'occupe de lui, de son sort à venir en première ligne.

Par quelles causes, par quelles combinaisons le commerce est-il enfin parvenu à exercer un-tel empire sur tous les peuples civilisés ? Il faut bien le savoir si l'on veut pourvoir efficacement aux moyens de le lui conserver : l'histoire du commerce, du moins au trait, est donc un élément indispensable de toute espèce de dissertation sur cette matière, comme de toute préparation législative.

Les événemens connus du commerce démontrent qu'il doit son élévation aux progrès des lumières, à la propagation des principes qui rapprochent les hommes, à la renaissance et aux leçons des arts. Il faut donc que ces connexités d'origine soient aussi signalées.

Les leçons de la morale évangélique et des arts ont été reçues par certaines nations et pratiquées avec plus d'empressement que par les autres. La combinaison en a été plus ou moins heureuse, suivant le génie des peuples, suivant les libéralités et la tendance des gouvernemens. Il faut donc aborder, du moins en aperçus, cette science *abstraite de l'économie politique,* et lui faire sa part d'influence dans les discussions mêmes sur les lois commerciales.

De grandes commotions en dernier lieu ont ébranlé le globe entier. Le Nouveau-Monde, long-temps sous la tutelle de l'ancien et son tributaire, a entrepris d'arriver de sa propre autorité à une totale émancipation et de retirer ses tributs à la vieille Europe. De cette entreprise seule, au point où déjà elle est conduite, sont résultés dès à présent d'innombrables désappointemens. L'Europe souffre ; son puissant émissaire, le commerce, est malade ; celui de la France en particulier éprouve toutes les angoisses d'une langueur déjà trop prolongée.

Comment s'occuper de l'état sanitaire au moral du commerce français, du perfectionnement de ses lois sans indiquer, au moins transitoirement, les principales causes de sa souffrance, sans faire ressortir dans le nombre celles qui dérivent des commotions générales, celles qui tiennent ou à des malentendus, ou à des vices de notre propre administration, ou à des abus particuliers, sans aller jusqu'à indiquer les remèdes spéciaux que la loi peut et doit prochainement y apporter, sans être même tenté de risquer quelques vues sur la partie des réformes possibles en économie politique, qui quelquefois aussi tombent dans le domaine du jurisconsulte ?

Un traité général sur les matières purement contentieuses du commerce, qui apparaîtrait tout à coup aujourd'hui détaché de ce vaste ensemble des forces acquises, des succès obtenus, des revers éprouvés, de la détresse flagrante et des mesures de salut indiquées par l'expérience circonspecte à l'autorité qui décide, n'offrirait que la sécheresse des préceptes, et n'acquerrait peut-être pas dans l'opinion le degré d'intérêt et d'utilité que l'on doit chercher à lui donner.

Ce n'est donc pas un hors-d'œuvre que l'auteur entreprend ici lorsqu'en tête d'un travail immense, réclamé pour la mise en lumière et le complément de la *partie législative et de jurisprudence du commerce*, il essaie de placer une dissertation, plus ou moins approfondie, sur l'institution générale du commerce, sur ses systèmes, l'ordre des études qu'il en faut faire, ses événemens historiques anciens et nouveaux, sa situation présente et son avenir en France, en un mot sur les diverses parties *industrielle et mécanique, historique et économique du commerce*.

Aucune de ces choses n'est de son ressort comme légiste; aucune n'a un rapport direct, immédiat, absolu avec l'objet spécial de ses compositions ; mais une longue carrière, parcourue avec les négocians, lui a accessoirement révélé des notions qui lui sont restées. Un long patronage, exercé sur tout le contentieux de leur profession, l'a mis à portée d'apprécier en thèse générale les diverses garanties dont il a besoin, et les meilleurs moyens de mettre leurs intérêts à couvert.

Il vient aujourd'hui leur reporter en masse les connaissances pratiques dont ils lui ont successivement fourni les élémens épars. Son but est de leur être utile par le tableau dans lequel il va les encadrer avec toute la circonspection que comportent d'aussi graves sujets.

§ Ier.

Essai sur la Définition du Commerce.

De toutes les institutions sociales la plus féconde en services est sans contredit celle du commerce : si elle n'est pas la plus ancienne ni la plus vantée, elle n'en est pas moins la plus utile et la plus répandue. Sans qu'elle soit dominante nulle part son empire est universel ; il est de tous les lieux, de toutes les minutes; il s'exerce sur presque toutes les actions de la vie de l'homme, et il en détermine la majeure partie, parce qu'il sert tous ses besoins.

Le commerce, s'il n'a pas fondé la civilisation, en a facilité l'établissement; il en a étendu le cercle, il en a hâté les progrès, procuré les avantages et amélioré les fruits : *il en garantit la durée.*

Il n'est pas le type de la richesse d'une nation ; mais il en développe chez elle tous les germes : il explore les extrémités du globe, pour lui rapporter ce qu'elles produisent de plus précieux; il lui en compose une fortune nouvelle.

Généreux par ses résultats,

Econome par système,

Sage par intérêt,

Vivant de privations,

Le commerce se fortifie par les fatigues.

Il augmente son activité, son influence, ses profits par les distances.

Il s'affermit en proportion des risques qu'il court.

Il rajeunit à mesure que le temps trace ses destinées.

Il s'enrichit par les emprunts et par les sacrifices.

Sa patrie est partout, quoiqu'il ait l'esprit de retour vers celle natale.

Tous les bras sont à ses ordres.

Tous les arts, toutes les intelligences s'exercent et travaillent pour lui.

Cosmopolite ou sédentaire, il butine au loin de sa ruche comme l'abeille, ou il glane autour de son magasin comme la fourmi.

Bienfaisant par calcul, il rend toujours plus qu'il n'a reçu à ceux qui savent le comprendre et le faire valoir.

Doué de tant d'attributs heureux, le commerce, comme tout ce qui est de la conception et l'ouvrage de l'homme, a son côté faible, ses dangers et ses vicissitudes :

L'erreur l'égare souvent ;

La présomption l'enivre ;

La confiance aveugle le perd ;

Les élémens conjurés déconcertent fréquemment ses plus sages projets.

La fatalité le poursuit quelquefois;

Les passions le déchirent;

La force, l'abus du pouvoir, les fautes du gouvernement l'anéantissent.

Tristes convictions qui avertissent sans cesse qu'il y a là un être composé, un arbre mystérieux, une boîte fabuleuse.

Que sans l'esprit d'observation, sans l'étude, sans la science, sans le salutaire effroi des erreurs, sans l'opiniâtreté du travail on risque de ne rencontrer que misère, quand on croyait entrer au temple de la Fortune.

Ce fut sans doute le pressentiment de ces destinées du commerce qui, dans le premier âge du monde, porta ses habitans à en faire un dieu à leur manière, qui avait ses vertus et ses défauts, auquel ils reconnurent le droit de leur commander et le funeste pouvoir de leur nuire.

Ils placèrent dans l'olympe le dieu Mercure, qui eut ses adorateurs et ses détracteurs : les uns l'obsédaient de leurs prières, les autres l'accablaient de leurs imprécations.

Dans ce choc du culte qui prônait, de l'hérésie qui décriait, l'ignorance longtemps comprima l'essor du commerce.

Elle prolongea son enfance de plusieurs siècles.

Des traits de lumière, sillonnant cet espace, amenèrent lentement son adolescence, qui brilla d'un certain éclat.

A la fin les sciences et les arts ont développé toute la puissance et déployé toutes les richesses de la virilité du commerce.

Ce fut le terme où l'attendaient la jalousie, la cupidité, la folle audace, la discorde, les guerres, le vandalisme et les proscriptions.

Le commerce grandi, dans son immensité même, a ses labyrinthes.

Sa maturité ne le garantit ni de la chute d'Icare, ni du châtiment des Titans.

Malgré la correspondance des langues il aurait sa tour de Babel si le génie de l'étude ne s'efforçait de pénétrer ses mystères, de lui dérober ses secrets, et surtout de méditer ses leçons, de saisir ses habitudes, de calculer les efforts de sa puissance, et de régler en conséquence la marche de toutes ses entreprises.

Au point d'élévation où le commerce est monté, d'après la suprématie qu'il exerce, il n'est plus permis aujourd'hui ni aux gouvernemens ni aux particuliers d'ignorer, de négliger, moins encore de dédaigner ce qui a déterminé une telle ascension de cet astre nouveau, ce qui en rend désormais l'éclipse impossible, pour les contrées du moins qui ne cesseront pas de suivre ses rayons.

§ II.

Sur le Système général organique du Commerce.

Cette grande institution du commerce doit son *origine* et sa condition d'existence aux besoins de la société humaine, d'abord à ceux de première nécessité, ensuite à ceux qui sont sans cesse renaissans; elle doit ses développemens à leur multiplication.

Elle est *assise* sur toutes les parties habitées de la terre; elle lève des tributs sur tous ses habitans.

Son principe d'action est dans le secours

que lui prêtent tous les élémens réunis.

Ses moteurs, ses guides sont les sciences et les arts.

Ses alimens principaux sont les produits naturels du sol, les produits fabriqués de l'industrie.

Elle a dans les cultivateurs et les fabricans ses agens producteurs les plus nécessaires et les plus intéressans de tous les hommes;

Pour auxiliaires puissans la monnaie, le crédit, la navigation, les roulages, le négoce, les professions mercantiles.

Les services qu'elle rend à tous et dans tous les instans proclament son utilité; l'estime en est graduée sur la qualité.

Elle trouve ses garanties dans la nature même de ses opérations, dans l'ordre qu'elle y établit, dans les précautions qu'elle y prend, l'expérience, l'usage et l'appui des lois.

Ses deux grands mobiles sont les profits espérés dont se compose la fortune, l'amour de la considération ou de l'estime des autres.

Ce sont tous ces principes, ces ressorts, ces rouages qui constituent le commerce, et qu'il faut rechercher, connaître, consulter, comparer et mettre en action pour être un commerçant expérimenté.

§ III.

Sur les Elémens d'Instruction commerciale.

Le commerce est comme la Sibylle, une prophétesse qu'il faut tourmenter ; c'est un protée qu'il faut saisir sous toutes les formes qu'il peut prendre ; c'est une providence dont toutes les cornes d'abondance doivent être sondées, un empire dont les vastes domaines doivent être tous explorés.

Avant d'embrasser son culte on doit avoir étudié ses lois, observé ses caprices, calculé ses chances ; on doit avoir visité toutes les portes de son temple, et s'être assuré de toutes les issues, avoir interrogé tous les gardiens, avoir médité les tables de sa loi, avoir pâli devant toutes ses misères.

C'est là qu'il est prudent de n'adorer qu'après examen.

Il n'est pas dit sans doute qu'il soit nécessaire à un commerçant de réunir toutes les connaissances dont se compose la *science du commerce* : cette tâche qu'on lui imposerait serait trop forte; rarement elle serait justifiée par la nécessité; souvent elle serait oiseuse ou abusive.

Il y a pour chaque profession du commerce une *science relative* qui peut faire l'unique objet des recherches, des études et des méditations de certains négocians.

Mais toute science a ses généralités et ses spécialités; elle forme un tout indivisible dans ses déductions.

Chacun y fait choix de ce qui est à sa convenance, ou dans son intérêt pour l'application à ses entreprises.

D'ailleurs les aperçus d'ensemble offrent toujours de l'intérêt pour les accessoires; ils ouvrent les idées ou les agrandissent; ils font naître des combinaisons, ils assurent les calculs.

Dans tous les cas ils procurent des distractions raisonnables, des délassemens utiles.

On aime à réfléchir sur ce que les dif-férens âges du monde ont amené de dé-couvertes précieuses à l'humanité; sur ce qu'ils ont engendré de merveilleux pour mettre en communication continue tous les hommes de tous les pays, pour amé-liorer leur condition, multiplier leurs jouis-sances, calmer leurs douleurs, prolonger leur existence.

On se complaît à observer comment les autres institutions de la société, les gou-vernemens eux-mêmes, en sont venus à recevoir l'influence de celle du commerce au point de faire dépendre d'elle leur puis-sance et leur prospérité.

En toute matière de spéculation com-merciale ou d'économie politique on dé-sire faire des rapprochemens, établir des comparaisons, tirer des inductions d'un sujet à l'autre; tout se lie et s'enchaîne dans les mouvemens de cette grande ma-chine commerciale.

Enfin, dans l'entreprise que l'on se pro-pose essentiellement, à la suite de cette dis-sertation, de traiter de la législation entière

du commerce dans les matières contentieuses qui s'y reproduisent si souvent, il
importe beaucoup d'être préalablement in-
formé de ce qui est l'ouvrage des temps,
le résultat de l'expérience, des mœurs et
des habitudes de chaque peuple, de la
forme de son gouvernement, des actes de
son administration.

Sur les mêmes textes de discussion les
opinions, les décisions ne seront pas les
mêmes, précisément parce que le commerce de chaque nation présente des disparités notables : l'une aura fondé sa fortune sur l'agriculture, l'autre sur l'industrie
et les manufactures ; celle-là sur la navigation toute seule ou le commerce des transports, celle-ci sur les exploitations de mines,
sur la commission ou les interventions diverses.

On va donc présenter le cadre des diverses instructions qui sont essentielles dans
la carrière du commerce, non pas qu'il soit
possible de les renfermer toutes dans un
même recueil, mais du moins sous le point
de vue des indications propres à diriger

le commerçant dans le choix de ses études et dans ses délibérations.

Aller au-delà serait une témérité de la part du simple légiste. Parmi ces innombrables sujets d'étude il a encore fallu choisir pour les indications et les graduer sur l'intérêt dont elles sont pour le commerçant.

Dans les sciences et dans les arts réduire l'enseignement par indications aux bienfaits dont ils ont doté le commerce en signalant seulement les auteurs du bien, les époques, les effets de leur patronage.

Dans la partie industrielle les emplois avantageux faits des leçons de ces nobles instituteurs sont constatés dans des ouvrages ou par des cours publics qu'il suffira d'indiquer.

Dans les arts et métiers des manuels existent, dont la seule nomenclature serait fatigante, et qui pourtant enseignent les divers moyens d'y exceller.

Dans le négoce enfin, qui a sa science propre et de plus sa méthode et ses formules, on se contentera de citer pour ses

combinaisons cambistes et autres opérations, comme pour son mécanisme, les
sources où l'on peut puiser l'instruction.

Des considérations majeures et plus
pressantes ont décidé l'auteur à faire
porter sa dissertation singulièrement sur
les parties historique, économique et législative du commerce, non pas encore avec
la prétention d'y tout épuiser, mais dans
l'unique espoir d'y répandre quelque lumière.

DISSERTATION.

Toute la science du commerce peut être renfermée dans les trois grandes divisions annoncées.

Partie industrielle et mécanique.

Il a paru naturel de traiter celle-ci la première. En matière du commerce l'*industrie* qui l'anime, le mécanisme de ses opérations diverses doivent être d'abord traités, au moins par des indications sommaires.

Partie historique et économique.

Vient ensuite la connaissance à prendre de l'origine et des événemens généraux du commerce par époques successives et par masses de faits qui en rappellent les divers développemens, puis celle des théories embrassées par les différens peuples qui ont fait fleurir le commerce.

Partie législative et de jurisprudence.

Enfin l'analyse raisonnée des lois positives que le commerce s'est faites, des usages qu'il a adoptés, celle des décisions qui ont donné à ces lois et usages dans les matières contentieuses la force d'exécution ; véritable tâche du jurisconsulte, dont une dissertation ne peut guère offrir que le plan par des observations sur ce qui existe, et des vues présentées sur ce qu'il serait possible d'obtenir encore de garanties légales, au moins pour le commerce de France.

C'est singulièrement à cette dernière partie de la dissertation que l'auteur rattache toute l'importance des deux premières : son but essentiel, en se livrant à toutes les indications qui vont suivre, a été de faire mieux ressortir l'intérêt immense qu'a le commerce français à posséder enfin dans un seul recueil la collection de toutes les règles d'après lesquelles il doit se gouverner.

PREMIÈRE PARTIE,

INDUSTRIELLE ET MÉCANIQUE.

En abordant cette première division on éprouve le regret de ne pouvoir exprimer dignement ici pour le commerce la reconnaissance qu'il doit aux sciences et aux arts pour l'avoir mis en possession de l'industrie et des merveilles mécaniques. Il aurait besoin d'un organe plus disert et plus éloquent pour acquitter une dette aussi immense : le sublime du service après tout est inappréciable; le mieux peut-être est d'en borner l'éloge au sentiment.

Avant d'acquérir ses forces gigantesques le commerce a eu besoin de conseils, de leçons et de direction ; les plus hautes sciences sont venues les lui donner.

Passons rapidement en revue ces généreuses *institutrices*.

Est venue la première de toutes *l'agriculture*, qui pour être la plus simple des sciences n'en est pas moins la plus recommandable par l'abondance, la nécessité et la fréquence de ses produits : c'est elle qui a fourni au commerce sa matière première ; c'est elle qui vivifie toutes les autres ; c'est sur elle encore que repose, surtout en France, la prospérité du commerce.

Le premier qu'elle ait engendré est celui des denrées mêmes qu'elle obtient du sein de la terre.

Désormais l'autorité en France s'est rendue, à juste titre, maîtresse du commerce des grains pour en permettre ou en interdire l'exportation, pour en autoriser ou restreindre l'importation ; pour empêcher aussi que dans l'intérieur le monopole et l'accaparement n'opèrent arbitrairement la disparution momentanée de cette substance du peuple sur les marchés.

Les spéculations du commerce doivent nécessairement se régler en cette partie sur l'action de l'administration publique, et y conformer ses expéditions ou ses commandes pour l'étranger.

Des mercuriales authentiques constatent

les prix courans de ces denrées ; un commerçant éclairé doit être exact à les consulter à cause de l'influence que ces prix exercent sur toute espèce de main-d'œuvre.

Des relevés exacts dans les journaux cotent bien les prix de ces mercuriales et des marchandises diverses, tant pour chacun des départemens de la France que pour les pays étrangers ; mais dans tous ces relevés il règne une obscurité ou incertitude de nomenclature de mesures, de poids ou de dimensions qu'il est bien essentiel de faire cesser pour le commerçant. En France tout devrait être enfin ramené uniformément à la mesure métrique ; les cotes de l'étranger en *lasts*, *arrobes*, etc., en piastres, livres sterling, dollars, roubles, reis, etc., devraient être mis en comparaison avec nos mesures et nos espèces françaises. Ce travail se trouvera dans le traité général sur la législation du commerce.

Après l'agriculture vient dans l'ordre des bienfaits, comme second producteur,

l'art du fabricant, qui ajoute tant à la valeur des produits naturels du sol en leur
faisant subir par le travail des modifications
avantageuses, la plupart commandées par
les besoins de la consommation en vête-
mens, logemens, ameublemens, instrumens divers, ustensiles, etc.

Cet art du fabricant, pris au générique,
doit lui-même son existence à trois grandes
sciences ; la *géométrie*, la *chimie* et l'*art
mécanique*.

La *géométrie* lui a donné les calculs, les
proportions, les poids et mesures, les lois
du mouvement et de la force. Ce qu'il importe au fabricant d'en connaître lui sera
enseigné par les ouvrages élémentaires de
Bezout, de Lacroix et Legendre ; par les
travaux de MM. Francœur, Ch. Dupin et
autres.

Il doit à la *chimie* les épurations des métaux, les séparations de substances, les dis-
tillations, les secrets d'amalgame, les compositions dites *chimiques*, l'usage de la vapeur, celui du gaz, etc.

Presque toutes ces conquêtes sont contemporaines ; les Lavoisier, les Fourcroy en sont les héros.

On peut journellement voir agir en cette science et entendre M. Vauquelin, long-temps digne émule de Fourcroy, fondateur avec lui de la première fabrique connue de produits chimiques et son continuateur, avec tout l'ascendant d'un esprit vaste et sage et d'une élocution aussi modeste que persuasive.

MM. Darcet, Gay-Lussac et Thénard, dont la tâche est déjà remplie pour la postérité.

On peut consulter les écrits périodiques de M. de Férussac, la *Revue Britannique*, etc.

Une telle révolution s'est opérée sous ces maîtres, que pour protéger leurs œuvres une nouvelle législation devient nécessaire.

L'art mécanique, si secourable encore aux fabriques, nouvel Archimède !

Qui les dote de la force ou puissance motrice, à l'aide des machines hydrauliques, des pressions de l'air, des machines à vapeur, des arbres d'engrainage, des manéges perfectionnés, roues, rouages, instrumens, leviers ou modérateurs.

Pour l'instruction à en acquérir on a les *Annales de l'Industrie française et étrangère*, et un professeur vivant en la personne de M. Sébastien Lenormand.

La fin du dernier siècle a vu s'avancer à pas de géant dans cette carrière des arts mécaniques MM. Perier des Eaux, que M. Tournelle remplace aujourd'hui si habilement aux mines d'Anzin.

La *géographie*, à consulter plus particulièrement pour la connaissance qu'elle procure de la statistique des pays lointains, des mœurs des habitans, de leurs usages, de leurs produits, de leurs besoins, de leurs parages.

En un mot la géographie animée, instructive à la manière de Malte-Brun.

L'*astronomie*, indiquée seulement comme ayant créé le commerce lointain par la boussole, les longitudes, la mesure du temps, l'ordre des saisons ou la prévision de leurs variations. On peut s'instruire des

mystères de cette haute science dans les ouvrages de M. Arago, et d'ailleurs sur tous
les secrets des arts, dans les journaux de
l'école Polytechnique.

L'*art nautique*, producteur des transports, par les règles qu'il a tracées pour la
marine marchande ou la navigation de
l'intérieur, aux ateliers de constructions, de
voilures, de cordages, et si correctement
exécutées par les maîtres de chantiers, tels
que les Crucy de Nantes et autres.

Les *arts et métiers*, tous agens si nécessaires du commerce, soit en grand, soit en détail, les uns formant seuls des exploitations
considérables, des établissemens majeurs,
tels que les usines, fonderies, forges, verre-
ries, les manufactures de premier ordre,
productives de fortes masses élaborées ou
à élaborer encore, tous compris sous la
dénomination d'*établissemens industriels*, tellement puissans pour la plupart qu'ils ont
le plus souvent conduit leurs sages exploitans à des fortunes incalculables, en même
temps qu'ils les ont environnés de la plus
haute considération.

Quels plus beaux modèles à suivre pour
le commerçant que ceux des fondateurs
des fabriques de Sedan, Louviers, Elbeuf,
Lodève, Carcassonne, de la manufacture
des glaces, de celle des Gobelins, des tapis
d'Aubusson, des fonderies d'Indret, du
Creuzot, de Vaucluse, forges du Port-
Brillet, de Pouancé, Vierzon ! etc.

Quels noms plus intéressans pour la société que ceux des Pagnon, des Vanrobais,
des Julienue, des Decrétot, des Poupard,
des Rousseau, des Ternaux et autres propagateurs de l'industrie nationale !

Quant aux *métiers* ou professions inférieures, vrais muscles du commerce, ou
ses vaisseaux distributeurs, désormais un
élan tout philanthropique a de toutes parts
multiplié pour eux les moyens d'instruction
dans des cours publics, des écoles d'application, des manuels, etc.

Reste le *négoce*, cet agent général du
commerce, qui est à cette institution comme
le cœur à notre constitution physique, par-
courant par son action toutes les veines de la
circulation, et portant partout des secours.

Combien de classes encore, toutes honorables à raison des services !

A leur tête viennent, par leur propre poids, se placer les banquiers, ces créateurs féconds des valeurs de crédit, par l'émission desquelles ils anticipent, pour toutes les branches productives, ou les époques de la fabrication en la secondant, ou l'entrée en jouissance de leurs produits invendus ; intervention miraculeuse qui donne la vie là où rien n'existe encore, et aux choses jusque là inanimées et indisponibles ; chef-d'œuvre du génie cambiste et financier, qui transporte au loin, avec la rapidité de la pensée, des chariots d'or et d'argent sans aucun déplacement matériel!

Cette science merveilleuse du change ou du crédit circulant ne s'apprend bien que par une pratique assidue dans les comptoirs mêmes des négocians et banquiers. Des traités existent pourtant sur les changes et sur les arbitrages, qu'il est bon d'avoir sous les yeux ; les tableaux comparatifs des valeurs métalliques de tous les pays y sont dressés, des calculs de réduction y sont préparés pour le change, le rechange, les comptes de retour ou *retraites*. La science abstraite des intérêts composés, des calculs fractionnels et des probabilités y est rendue palpable.

Des noms justement vénérés se sont placés dans l'histoire moderne et contemporaine de la banque avec un tel éclat de loyauté, d'amour du pays, de grandeur d'âme et de délicatesse qu'ils y exercent toute la puissance de l'électricité.

On cite avec honneur et on citera long-temps les Lecouteulx, comme ayant ouvert la marche à Paris dès l'année 1600 (1), les Magon de la Balue, les Tourton et Baur, les Louis Julien, les Mallet, les Durney, les Vandenyver, les Perregaux, les Tellusson, les Greffulhe; et de nos jours

(1) En 1720 le chef de cette maison de banque avait balancé son livre par la mention de l'avis donné à tous ses correspondans de la clôture de leurs comptes courans, ne voulant rien négocier du *système*.

En 1773 son successeur, sommé par l'abbé Terray d'acquitter une taxe lancée sur les anoblis depuis cent ans, fit rechercher dans les archives de sa banque les lettres de noblesse délivrées à son bisaïeul, qu'on eut de la peine à trouver, les mit sous enveloppe et les renvoya au ministre.

les Delessert, les Rougemont, les Laffitte, les Hottinguer, les Périer frères, si distingués d'ailleurs, Scipion dans les arts, et Casimir à la tribune.

Sous une autre acception du *négoce* se rangent avec distinction une multitude de coopérateurs indispensables au grand œuvre du commerce ; les marchands en gros, les entrepositaires ou consignataires, ceux qui font la commission dans tous les genres de marchandises, les agences pour le contentieux, malheureusement déchues et si essentielles à relever dans l'opinion.

Pour l'instruction primaire de toutes ces classes une *école spéciale de commerce* a été en dernier lieu instituée à Paris, où l'on enseigne la tenue des livres en parties doubles et simples, les règles des divers calculs mercantils et des changes, des comptes divers, comptes courans, comptes en participation, confection d'effets de commerce, factures, bordereaux, marchés, etc.

De plus longs développemens sur tout ce *mécanisme* du commerce excéderaient les bornes d'une dissertation ; il en est de plus directement instructifs et utiles dont il tarde de tracer l'esquisse.

Toutefois on ne peut pas terminer sur cette première partie sans rendre au commerce une éclatante justice ; c'est que si les arts ont beaucoup fait pour lui, à son tour, en rejeton reconnaissant, il a fait beaucoup pour eux ; agent de la civilisation, il les fait fleurir avec elle.

SECONDE PARTIE,

HISTORIQUE ET ÉCONOMIQUE.

Ici la scène change, et la gravité des tableaux s'accroît; les élémens du commerce sont, sinon fixés, du moins aperçus. Mais les événemens de cette vaste institution, ses différens âges, sa croissance, sa consolidation; mais les résultats qu'elle a amenés pour la génération présente, les ressources qu'elle promet à l'ère qui s'avance; mais les promptes consolations dues au commerce français; mais les moyens surtout de les lui procurer, voilà des points de vue nouveaux et d'un intérêt d'époque prédominant.

L'*histoire* du commerce est la leçon faite aux gouvernans et aux gouvernés : elle fournit des exemples à tous; elle fait justice de la politique des états, des préventions des grands de la terre; de l'insouciance et de l'inertie des nationaux; elle aide par ses gradations à l'enchaînement des idées ; elle donne l'expérience des choses, le sentiment des forces, le secret des ressorts employés ; elle est un juste hommage rendu par la postérité à nos devanciers.

Cette histoire est aussi la leçon faite au commerce, d'abord par la force des choses, par les situations, par les accidens survenus à l'espèce humaine, par le temps et l'expérience. Il n'a pas pu la comprendre tout entière avant qu'elle fût achevée : complète, il ne l'a pas toujours bien comprise, ou il ne l'a suivie qu'en certains lieux ; en d'autres il y a été sourd. Les résultats sont arrivés : là ont paru l'abondance, la force vitale, la puissance ; ailleurs sont restées les privations, la langueur, l'infériorité.

Les disparités de fortune ont instruit : on en a recherché les causes ; on a cru les trouver en l'observation de certaines singularités, en certaines habitudes *de faire*. De là les théories du commerce, les systèmes érigés en dogmes ; en un mot la science dite *économie politique*, science peu positive parce qu'elle s'est formée sur des spécialités, sur des localités qui ne sont pas toutes les mêmes ; sur les capacités de l'homme, qui varient suivant les climats ; sur les ressources que tel sol possède, et que la nature a refusées à tel autre ; science d'ailleurs contrariée par les passions et les inclinations, par les préjugés de l'ordre social établi avant elle et sans elle ; par la force qui lutte contre la raison ; par l'esprit de domination qui repousse toute autre supériorité, exclut même toutes les concurrences, et n'admet aucun partage. La raison d'état, le soin de se conserver, les intérêts de la politique, les exigences du fisc amènent des entraves et des charges dont le commerce ne ressent que trop les funestes effets.

De grands avantages cependant sont attachés pour l'homme d'état et pour le commerçant à l'étude de l'*économie politique :* elle les fixera sur ce qu'il convient d'observer de chaque pays d'ouvrir de rapports à l'extérieur, de combiner pour les étendre et les maintenir.

Par elle il connaîtra la classification que

chaque peuple fait des richesses dans son intérêt relatif; le degré d'estime, de faveur et de préférence qu'il accorde à quelques-unes, et par suite l'esprit de ses institutions et de ses usages.

Ceux qui voudront puiser aux vraies sources étudieront *Vauban*, quoique dans le temps son ouvrage ait été proscrit; l'auteur de *la Philosophie rurale*, Condillac; l'abbé Morellet, et chez nos voisins le célèbre Smith, *Traité de la Richesse des Nations*; de nos jours M. Say.

Le point essentiel dans toutes ces investigations d'économie politique est de bien interroger les faits.

Cette histoire du commerce se divise naturellement en trois époques:

De ce qu'il a été chez les anciens;

De ce qu'il est devenu chez les modernes;

De ce qu'il est de nos jours.

Dans ce rapide récit de l'institution ne peut pas entrer l'exposé de ce qu'a été successivement la législation du commerce; ce serait une digression intempestive et trop étendue. Une histoire du droit commercial a son caractère propre ; elle ne peut pas être séparée de ses textes, à l'intelligence desquels son rapprochement est si nécessaire ; il faudrait d'ailleurs traiter à à part les traditions sur la législation du commerce de terre, et celles relatives aux lois du commerce maritime ou nautique ; subdiviser encore dans ce dernier cadre ce qui a trait à la marine militaire, à la marine marchande, à la navigation intérieure, au droit de pavillon en temps de paix et en temps de guerre.

Tous ces documens de l'histoire sont trop précieux à recueillir et à saisir distinctement pour qu'il soit possible de les confondre dans une même narration ; ils trouveront une place plus convenable en tête de notre traité général de la législation du commerce.

C'est uniquement ici l'action passée et présente du commerce qui doit être sommairement décrit e.

PREMIÈRE ÉPOQUE.

De l'État du Commerce dans son origine et chez les anciens.

Il y a loin de ce que fut le commerce à la naissance des sociétés humaines et dans l'antiquité, à ce qu'il a été chez les modernes, encore plus à ce qu'il est devenu de nos jours.

Faible et sans influence parmi des pasteurs, ou alors que la charrue seule était honorée, le commerce n'a d'abord consisté que dans des échanges de denrées : ce fut là son état d'enfance.

Peu à peu les embarras que comportaient ces échanges de corps matériels d'une trop difficile transmutation firent imaginer de substituer quelque chose d'équivalent aux denrées de contre-échange ; on créa les valeurs de convention, que l'on fut d'accord d'estimer au pair de la chose demandée en nature : on attacha ces valeurs équivalentes d'abord à une certaine portion de métaux reconnus comme précieux, auxquels on imprima des caractères de confiance, et qui reçurent le nom de *monnaie*; ce fut un grand pas de fait vers l'adolescence du commerce.

Plus tard la monnaie métallique étant devenue rare, on s'avisa de lui substituer une autre valeur représentative plus facile à multiplier; on admit dans les marchés la cédule ou promesse écrite de celui qui obtenait la livraison de la chose marchandée à crédit; on assigna à ces promesses des époques d'exigibilité : celui qui avait consenti le crédit fut appelé *créditeur* ou *créancier;* celui qui l'avait obtenu fut le *débiteur,* soumis à la restitution de la valeur convenue dans les termes stipulés. Les cédules souscrites par les débiteurs devinrent une monnaie fictive.

A l'aide de ces véhicules le commerce put prendre une certaine extension; il gagna de proche en proche; il franchit même certaines distances; mais il fallait pour le porter au loin, surtout au-delà des mers qui le retenaient, un auxiliaire plus puissant; l'art nautique vint, qui lui prêta ses ailes.

Bientôt des essaims de navigateurs font de la plaine liquide une route plus facile et plus économique ; ils vont dans des régions inconnues porter leur superflu, pour en rapporter ce qui leur manque chez eux.

Parmi ces intrépides spéculateurs l'histoire a signalé les Phéniciens sortis de Tyr, les habitans des îles de l'Archipel, les Phocéens, venus jusqu'à Marseille pour en faire une ville maritime commerçante. (1)

Rien ne constate que ces premiers fondateurs du commerce maritime aient jamais fait aucune excursion jusques aux parages de l'Atlantique, trop éloignés d'eux

(1) Les Sydoniens, peuple tyrien, exploitaient dans l'ancienne Bétique, aujourd'hui l'Andalousie, des mines d'or les plus abondantes du monde connu à cette époque ; ils y établirent même une colonie, et fondèrent la ville de *Medina-Sidonia,* dont le nom rappelle encore de nos jours son origine. Dans cette même contrée, non loin de l'antique et superbe ville de Grenade, prend sa source la rivière *Daro,* qui traverse et arrose cette ville, et embellit sa principale promenade ; cette rivière roule en abondance des paillettes d'or, ce qui l'a fait nommer *Daro,* par abréviation de *Da oro.* Ces traditions prouveraient que les Espagnols, pour s'épargner un peu plus de travail, ont eu grand tort de laisser ce qu'ils avaient chez eux et de courir au Mexique usurper sur de faibles peuplades des mines d'une exploitation plus facile, et en versant des torrens de sang.

pour qu'ils pussent les atteindre par des voyages de long cours : ils n'avaient pas la ressource de la boussole, et malgré les indices interprétés en dernier lieu par des voyageurs comme des témoins d'une ancienne incursion des orientaux vers le continent américain, il est permis de n'y voir qu'un problème insoluble.

De grandes impulsions ont été données vers ces temps reculés aux arts et au commerce de leur continent par les Arabes, par les Egyptiens et leurs voisins, ainsi qu'en déposent les chefs-d'œuvre nombreux qui portent l'empreinte de ce premier âge, dont les masses sont restées debout, ou que la conquête a transportées loin de leur berceau, comme autant de trophées : évidemment ils étaient le résultat des communications d'entre plusieurs peuples qui avaient grandi ensemble, et avaient fait échange de leurs facultés réciproques.

Au milieu d'eux surgissait, avec de tout autres principes sur le commerce, une nation qui, alors même qu'elle formait un corps politique, ne l'a jamais mis en honnéur ni fait respecter, et qui, disséminée aujourd'hui par la main du Très-Haut sur la surface du globe, sauf quelques exceptions honorables, l'a réduit à n'être qu'un trafic honteux, source de déceptions et de préjudices causés à l'hospitalité qui l'accueille.

Rome fut trop impétueusement et trop systématiquement poussée par son esprit guerrier vers les moyens d'acquérir par la force de ses armes pour qu'elle s'occupât de procurer au commerce des institutions qui en fissent rechercher l'exercice. Ses nobles citoyens ne furent que d'opulens consommateurs, qui dans la disgrâce surent bien retourner à la charrue, mais dédaignèrent tout emploi mercantile. Le *o fortunati mercatores* d'Horace n'a été prononcé que par un soldat romain écrasé sous le poids de ses armes et mourant de fatigue.

SECONDE ÉPOQUE.

De l'État du Commerce chez les modernes.

A la fin des hordes barbares abaissent l'orgueil de cette cité superbe; elles dé-

truisent ce colosse de puissance, fondée d'a-
bord par l'esprit ambitieux et tyrannique
de ses fiers républicains, étendue ensuite
aux extrémités du globe connu, à toutes
les Gaules, notamment par ce fougueux
empire qui n'avait vécu que de dévasta-
tions et qui partout avait régné par d'inso-
lens proconsuls ou gouverneurs, uniquement occupés de comprimer les libertés
publiques et de ramasser toutes les richesses
pour la dévorante métropole.

Par cette irruption des barbares l'occident a secoué le joug : les pays qu'ils occupent ressaisissent sous eux le régime
municipal que la domination des délégués
de Rome avait paralysé long-temps, mais
dont enfin elle n'avait ni effacé le souvenir
ni extirpé les profondes racines. La liberté
rendue aux communes, dans les mœurs
desquelles la rudesse du conquérant se fon-
dait, ramena la liberté du commerce.

Assis au trône des Césars, avec la
douceur de ses maximes, avec ses leçons si
puissantes de charité, d'amour du pro-
chain, d'union entre les hommes, sous les

pacifiques princes de l'Eglise, le christianisme reconstitua les vrais élémens du commerce. L'Italie la première jouit des avantages de ces précieuses régénérations : di-
visée en petits états, elle a conservé le
souvenir de leur ancienne association et
l'habitude des communications.

Entre tous ces états celui de Pise, l'un
des plus faibles, franchit tout à coup les limites de la médiocrité ; seule et par l'unique
puissance des marchands qui convertissent
son port en un vaste entrepôt de marchandises de tous les pays, elle s'érige en puissance, et laisse au-dessous de ses prospérités pendant long-temps toutes les autres
nations de l'Europe.

Jalouse de cette suprématie, et forte de
son indépendance républicaine, Venise
du sein de ses eaux fait éclore des flottes
nombreuses, qui bientôt vont couvrir les
mers et lui assurer le sceptre du commerce
dans tout l'orient.

Gênes, favorisée comme Venise par sa
situation topographique et par sa constitution politique, également indépendante,

réussit à détacher plus d'un fleuron de la couronne vénitienne; Gênes, sans territoire, avec une faible population, amène dans son port assez de richesses pour charger ses rochers de palais somptueux.

Dans une autre région de l'Europe et du détroit de la mer Baltique trois villes principales, confédérées sous la même égide de la liberté, font sortir des vaisseaux chargés des productions du nord, en fer, bois de construction, chanvre, blé, pelleteries, dont elles vont approvisionner la Hollande, l'Angleterre et la France. Leur confédération, sous le titre de *hanse teutonique*, se donne des statuts qui servent de type aux autres puissances maritimes pour le réglement de leur navigation. D'autres cités briguent la faveur de leur alliance, et s'honorent d'être comprises au nombre des *villes anséatiques.*

Un grand événement, dû à une forte impulsion religieuse, celui des croisades, était venu intermédiairement ouvrir au commerce d'Europe des routes nouvelles vers l'orient. Ces déplacemens démesurés de la plus riche et de la plus noble portion des habitans de l'Europe, avaient nécessité des moyens extraordinaires d'approvisionnemens et de transports que le commerce seul avait pu exécuter; il avait fallu monter sur plusieurs points et entretenir une marine marchande fort considérable; le génie de l'art nautique s'y est exercé; les rapports, les habitudes de communication entre l'occident et l'orient s'étaient multipliés.

Ce qui est à remarquer au milieu de tous ces mouvemens du douzième siècle et des suivans c'est que le commerce moderne n'a encore marché que sous les bannières de la liberté, qui en est l'âme, ou à la faveur de ces inspirations religieuses secondées par le pouvoir temporel des princes de l'Eglise.

Accidentellement le pouvoir absolu, empruntant en Portugal et en Espagne, presque simultanément, la téméraire intervention de deux navigateurs habiles et entreprenans, va, pour assouvir sa soif de richesses et de domination, lui frayer au-delà des mers avec la boussole des routes nouvelles. La découverte du Nouveau-Monde, jointe à l'exploration des Indes-Orientales, appelle la marine marchande de ces deux états sur de nouveaux marchés, aussi étendus qu'abondans en produits inconnus de leurs métropoles et du reste du globe.

Désormais la matière du trafic est *amplifiée*. Avec les denrées coloniales de l'Amérique, avec les épiceries et drogueries des Indes entrent dans les ports portugais et espagnols surtout des masses d'or et d'argent, qui se reproduisent toutes les années, et alimentent la circulation des espèces métalliques.

Fort heureusement elles n'y coulent que dans des proportions modérées par le cours; ce qu'il repousse comme *trop plein*, à l'instant et sans interruption, reflue vers ces immenses contrées de l'Inde, qui, ne s'accommodant pas de nos productions d'Europe pour leur salaire ou leurs livraisons en nature, exigent qu'on le leur solde avec des piastres métalliques.

Bientôt les conquérans, malgré leur ci-

vilisation, abusent de leur ascendant sur
des peuplades faibles et sauvages. Au lieu
d'améliorer par des leçons de morale le sort
de ces naturels qu'ils sont venus troubler, ils
les font durement servir au contentement de
leur avarice et aux jouissances de leur oisiveté ; ils soulèvent des haines et s'attirent
des vengeances dont l'action sourde en-
trave le commerce de leurs métropoles et
ouvre tout accès à des concurrens.

Deux des nations européennes qui ont
le moins aliéné leur liberté, l'Angleterre
avec sa monarchie constitutionnelle, la
Hollande avec son stathoudérat, observent
les mécontentemens des pays conquis et
songent à en profiter.

L'une et l'autre possèdent des ports
nombreux et des rades excellentes : naturellement elles auraient dû être les premières
à recueillir les fruits de la découverte ; mais,
occupées de l'objet plus pressant de secouer
le joug de l'arbitraire, devenu insuppor-
table, elles ne pouvaient encore tenter aucune entreprise au dehors. La Hollande
luttait contre la couronne d'Espagne, et as-

surait l'indépendance de ses *Provinces-Unies*. L'Angleterre , déchirée par des guerres civiles, marchait vers sa double émancipation de la tiare et du trône.

Une fois affermies sur des bases constitutionnelles , toutes deux , comme par une commune impulsion, font du commerce maritime leur grande affaire ; elles équipent en même temps des flottes militaires et des flottes marchandes ; elles asseient leurs spéculations au-delà des mers sur la force , pour empêcher qu'on ne les trouble ; sur des secours offerts en échange de ce qu'ils sollicitent, pour qu'on le leur concède bénévolement.

C'est ainsi que les Hollandais et les Anglais sont parvenus à écarter de leurs marchés toute espèce de concurrence ; que respectant, au moins pour la forme, les droits acquis aux souverains et aux naturels des pays exploités, ils se sont installés par leur protectorat dans ces climats fortunés, où sans cesse croissent pour eux les plus riches produits.

Aux bénéfices réalisés par leurs comptoirs des Indes ils ont ajouté ceux que la commission donne toujours à ses agens dans le commerce.

Plus particulièrement les Hollandais se sont adonnés à ce genre de trafic sur les capitaux d'autrui en se chargeant du transport des marchandises dont l'achat leur était commandé : ils ont gagné à la fois le fret et la rétribution de leur gérence, d'où le surnom qui leur fut donné de *rouliers de l'Europe*.

Par des combinaisons plus habiles encore les Anglais ont su donner à leurs expéditions maritimes plus d'importance peut-être que celle des achats *pour propre compte*, du fret et des droits de commission cumulés : ils ont appuyé sur l'incurie et la mollesse des colons espagnols deux grands leviers d'opulence ; l'approvisionnement du Nouveau-Monde en étoffes, instrumens aratoires et vins d'Europe ; l'arrivage médiat dans les ports britanniques des gallions du Mexique, réduits seulement du droit régalien prélevé par l'Espagne ; et par cet expédient la disposition certaine des piastres à distribuer aux Indous ; vastes conceptions qui, avec tant d'autres, vont bientôt se grouper, et fonder la colossale puissance du commerce d'Albion.

C'est de cette interposition, sinon philanthropique, du moins mesurée sur une certaine réciprocité entre l'Europe, le Nouveau-Monde et les Indes, bien plus que des violentes occupations des Espagnols surtout et des Portugais, qu'est sorti ce grand *système colonial* auquel les métropoles européennes ont rattaché leur existence ; système fécond pour le commerce par les alimens nouveaux dont il l'a comblé ; système grave aussi en raison des dépendances dans lesquelles il nous a désormais placés, des besoins nouveaux et sans nombre qu'il nous a inoculés, des dissensions politiques, des querelles qu'il a suscitées entre les puissances ; grave surtout en raison des transitions prochaines qu'il semble devoir amener dans l'état général de la civilisation, dans l'ordre des dominations, dans les habitudes, les ressources et les combinaisons du commerce.

Est à signaler encore, de ces époques modernes du commerce un incident qui, en raison du puissant ressort qu'il a créé pour le négoce, ne doit pas rester inaperçu ; c'est la naissance du *contrat de change* : dû à des causes que la tolérance et l'humanité sont loin de justifier, il n'en a pas moins créé le moyen le plus nécessaire à la circulation des valeurs, à leur transport et à leur conservation. On l'attribue universellement à l'expulsion simultanée des juifs de certains états catholiques : forcés tout à coup de transporter ailleurs leurs richesses et leurs familles, ils trouvèrent le secret de soustraire leurs fortunes à la cupidité de leurs oppresseurs en chargeant leurs correspondans du dehors de se prévaloir, sur des dépositaires signalés, par voie de *traites* ou *lettres de change*, du montant des sommes qu'ils désiraient sauver du naufrage : expédient ingénieux, devenu bientôt le véhicule le plus puissant du monde commerçant.

Au milieu de toutes ces agitations générales du commerce la France, soumise aux anticipations du régime féodal, avait subi

par lui la privation de partie de ces facultés d'action, que les premiers momens de la
conquête n'avaient pas disputée aux vain-
cus. Des charges personnelles de corvées et
autres services, de tailles, de redevances cen-
suelles, champarts et autres prestations; des
entraves dans les communications de bourgade à bourgade, des devoirs multipliés
de vassalité qui obligeaient de suivre son
seigneur même à la guerre, tout cet attirail
de servitudes avait prodigieusement ra-
lenti la marche du commerce. Les mœurs
d'ailleurs, principalement dirigées vers la
profession des armes et la gloire militaire
long-temps chevaleresque, avaient fait préférer le séjour des camps et l'exercice dans
les tournois à toute espèce de profession du
commerce, même le plus lucratif. On n'a-
vait guère songé en France à imiter les
premiers exemples donnés par les peuples
voisins de l'armement des grandes flottes
marchandes et des courses d'outre mer.

A la suite de plusieurs siècles ainsi écoulés
sur la France, sans qu'elle eût hautement
prétendu aux faveurs du caducée, était

survenu le grand siècle, et avec lui la miraculeuse apparition du ministre Colbert, qui le premier supposa que le commerce pouvait être bon à quelque chose. Il se montre, et les fabriques et manufactures s'élèvent sur tous les points de la France ; les armemens dans nos ports se multiplient ; le commerce français dans le Levant et sur la Méditerranée prend un tout autre essor ; des compagnies françaises se forment pour exploiter enfin une partie des Indes : elles y acquièrent à leur tour des possessions ; elles y établissent des comptoirs importans.

Malheureusement Colbert n'a pas de successeurs inspirés par le même génie, ni qui observent les progrès des deux rivales de la France en l'état ascendant de la civilisation universelle par les sciences et par le commerce.

Pour des querelles de religion, qui jamais ne devraient troubler la marche des affaires, ni démouvoir l'administration civile ; les plus riches négocians, les premiers fabricans de France sont expulsés du royaume par la révocation de l'édit de Nantes : ils transportent à l'étranger des trésors que la mère patrie répute empoisonnés par l'hérésie.

Dans ce refoulement de l'industrie les préjugés des conditions qu'elle allait extirper reprennent leur superficiel empire; un règne de frivolités et de dissipations commence, les besoins ne tardent pas à l'assiéger.

Un système habilement conçu par *Law*, mais dont l'adoption exigeait de la mesure, lui est proposé dans le dessein précisément de rehausser les actions des compagnies françaises des Indes. La cupidité la plus effrénée, l'esprit d'agiotage s'en emparent, et en l'exagérant le convertissent en un instrument funeste de ruine pour le commerce et de calamité publique.

Relevée avec peine de ce coup fatal, la France commerçante cherche à reprendre la route des Indes, où des établissemens lui restent. De grandes dilapidations s'y commettent : une nouvelle compagnie des Indes a peine à se soutenir; le commerce particulier arme en concurrence avec elle pour les mêmes parages : sous le même pavillon la rivalité exerce ses ravages; les expéditions marchandes s'entre-choquent et se nuisent; aucune providence ministérielle ne songe à les combiner.

Des efforts généreux sont faits pourtant dans l'intérieur pour la fondation de plusieurs grandes fabriques et usines : Marie-Antoinette fonde à Saint-Cloud la première fabrique de cristaux. Les Baudard de Saint-James, les Mégret de Sérilly, les La Borde et autres financiers de l'époque la transportent au Creuzot-Montcénis, où ils montent d'ailleurs une grande fonderie. La finance, alors toute-puissante, donne la main au commerce et à l'industrie. M. de La Borde fait sur la cochenille une spéculation fructueuse. Les Beaujon, les Vatelet, les Meulan, les Voyer-d'Argenson, les Laurent de Villedeuil et autres hommes de finance, presque tous les fermiers généraux, au nombre de soixante, exploitant déjà par privilége deux grandes branches de commerce (les sels et les tabacs), forment avec le négoce un pacte fédéral, dont la puissance est perdue de nos jours.

Dans le haut commerce en marchandises étaient placés en sommités, pour la police de toutes professions mercantiles, comme points de mire d'émulation et pour leur illustration, les six corps des marchands, qui avaient leurs grand'gardes pris dans leur sein, leurs syndics, leur grand prevôt, dit *le prevôt des marchands*, placé dans l'opinion au-dessus de plusieurs ministères royaux, les juges et consuls enfin, et les nombreux conseillers auditeurs, appelés à toutes les séances de la juridiction, chargés des innombrables *rapports* à faire chaque semaine en chambre du conseil, et conquérant ainsi le consulat.

Latéralement apparaissaient le corps de ville, l'échevinage, que présidait encore le prevôt des marchands, les quarteniers, les centeniers et autres agens municipaux, élus le plus souvent dans le commerce. Devenir échevin de Paris alors était pour le marchand de Paris le bâton de maréchal de France: la considération siégeait à tous les degrés de ces institutions triséculaires, commandait le respect à tous, et leur imposait l'obligation de bien faire.

Les noms de ces magistrats consulaires et municipaux devenaient ceux des monumens de la capitale : l'ordre de Saint-Michel, vrai talisman de l'honneur pour les arts et pour le commerce, leur offrait en sautoir un ruban dont la simple apparition faisait tressaillir tous les cœurs et dirigeait jusqu'aux consciences.

Sont encore honorablement revendiqués dans les seuls commerces de soieries et de draps les noms des Buffaut, des Quatremère, des Legras, des Mercier, des Obelin, des Barbier et tant d'autres.

Admirable hiérarchie que les découpures sociales d'aujourd'hui font vivement regretter !

Non pas qu'il soit proposable ni possible de rétablir ces anciennes corporations, ni avec elles ce qu'elles avaient entraîné d'inquisitions, d'entraves et d'exclusions au grand détriment du commerce. La puissance qu'il a reconquise par la révolution, d'opérer avec toute cette liberté naturelle admise par la loi civile, est une condition trop nécessaire de son existence et de ses prospérités pour que jamais l'on songe à en limiter l'action. Mais ce qui serait désirable ce serait que fussent encore échelonnées dans l'opinion les diverses classes du négoce, et que pour chaque classe il fût institué une sorte de conseil de prud'hommes ou de jury nombreux, chargé de la police de chaque profession, du maintien de l'ordre dans les ateliers, du réglement des difficultés de fabrique à fabrique, et d'entre les chefs et leurs ouvriers, etc.; qu'à ce conseil fût attribuée la mission de vérifier les droits de chacun au bienfait de la mutualité à propager comme puissance de crédit; que ce conseil fût mis en possession de certaines prérogatives; que ce fût parmi ses membres que fussent exclusivement pris, d'abord les rapporteurs aux tribunaux de commerce pour tous les litiges renvoyés à l'examen d'arbitres, puis les nouveaux membres de ces tribunaux, en telle sorte qu'il y eût d'une part des classifications honorables, et de l'autre des garanties pour les élections de juges, ce qui entretiendrait l'émulation, rapprocherait les conditions, et tournerait à l'avantage de la société.

Cependant la suprématie des mers, à laquelle tend sans cesse la puissance britannique, importune les gouvernans de l'époque de 1776. Le moyen naturel d'y soustraire la France eût été de diriger ses capitaux vers le commerce maritime, de l'appuyer de toutes ses forces sur les points où l'installation lui était disputée.

Au lieu de prendre ce parti ils en adoptèrent un qui sans doute eut son côté généreux, mais qui, apprécié sous le rapport des résultats obtenus, fut peut-être pour notre commerce un échec de plus; ce fut de prêter une assistance ouverte aux efforts des Américains du nord, tendant à conquérir leur indépendance de l'Angleterre. Ils ne virent pas qu'en favorisant ce démembrement de la puissance anglaise ils en créaient une puissance nouvelle et formidable, qui, s'avançant à son tour dans la carrière du commerce maritime, lutterait bientôt avec succès, pour en déshériter l'Europe dans les deux Indes.

Un échec plus terrible encore, et qu'on a signalé comme une représaille, était réservé au commerce français ; c'était la révolution de 1789, phénomène plus étonnant par ses effets que par ses causes. Tous les fléaux qu'il amena sont encore vivement sentis par le commerce français :

Une guerre continentale et maritime, soutenue à outrance pendant vingt-deux ans contre l'Europe entière, coalisée dans un sens bien mal entendu ;

L'émission désastreuse d'un papier-monnaie, privé bientôt de toute garantie ;

La fixation, aussi ridicule que funeste, de la valeur des denrées et marchandises à un *maximum* ;

La fureur des confiscations déchaînée contre la banque et le commerce, au point de prétendre investir le fisc des valeurs de crédit réalisables à l'étranger ;

La mobilisation des deux tiers de la dette publique, déplorable surtout en raison de son caractère d'abolition ;

La perte de Saint-Domingue, celle de l'Isle-de-France, l'occupation de Malte, l'appauvrissement des autres colonies françaises;

La violation des territoires, dont l'épouvantable initiative fut prise au port de Copenhague par les Anglais.

Que dire d'aussi anti-social? Les attentats nombreux portés au droit de pavillon, la spoliation, consacrée en jurisprudence, de toutes les propriétés neutres indistinctement tombées au pouvoir de nos corsaires;

Et pour dernière violence la monstrueuse conception du système de blocus continental, aggravé par ces stupides *brûlures* de *marchandises anglaises*, qui n'ont ruiné que leurs possesseurs sur le continent, et profité qu'aux ennemis qu'elles devaient atteindre.

Infandum! l'horrible politique des falsifications réciproques du papier circulant.

Pourtant un bien immense se préparait dans l'intérieur de la France au milieu de tous ces désastres : une volonté forte avait fini par y rétablir l'ordre; elle avait su par des choix judicieux, mettre à la tête de l'administration publique des hommes capables, et qui, tout occupés de leur mission, servaient activement les intérêts de la société. Les arts refleurissaient sous des maîtres dont l'expérience était appréciée et le dévouement honoré, comme doit l'être tout ce qui profite à l'humanité aussi éminemment que l'instruction.

Deux écoles, célèbres dès le premier jour de leur institution, pépinières vigoureuses, implantaient par leurs germes féconds la science et les arts dans toutes les parties de la France.

Une ardente émulation portait la jeunesse française à réparer au moral ce qu'elle perdait en nombre.

Au-dedans un esprit d'ordre dans les finances prévoyait les besoins, préparait les ressources, constatait les situations.

Les préparatifs de la guerre, portée toujours au dehors, donnaient au commerce intérieur une impulsion presque convulsive, sans qu'il y eût exportation des capitaux ainsi employés.

A l'extérieur les exigences de la force, toujours secondée par la victoire, remplissaient les caissons du trésor, et fondaient les fortunes militaires.

Un art mécanique, depuis peut-être trop développé, était conquis sur l'industrie anglaise dans ses ressorts les plus intimes par le dévouement d'un Français resté victime de ses téméraires entreprises.

Sous un sceptre de fer le despotisme d'un soldat, réprimant les écarts de la liberté, allait jusqu'à vouloir l'anéantir en politique, et pourtant remorquait l'industrie à la suite de vieilles servitudes rajeunies; il provoquait le luxe, et restaurait ainsi involontairement le commerce qui l'importunait.

C'est ainsi que, par l'étalage d'un certain faste et par des démonstrations de grandeur, fut rendue l'activité à diverses fabriques de luxe, à la joaillerie et bijouterie qui eut ses Nitot, ses Foncier, ses Marguerite; à l'orfévrerie, qui eut dans Odiot père le génie du goût, appliqué à donner à la vaisselle d'argent les formes nobles du bel antique ; que les Jacob , les Darrac , faisant suite au règne des Boulard , des Poussin, rendirent à la fabrique des meubles de Paris l'élégance , la grâce qu'apprécient tous les étrangers ; que la capitale de l'empire redevint manufacturière , et que les riches fabriques de Lyon étonnèrent encore l'Europe par la magnificence de leurs tissus : les Oberkamp , les Gros-Davilliers , les Kœchlin , affranchissaient la France de forts tributs envers l'étranger.

Dispositions heureuses dont l'état de paix rétabli et l'affluence des étrangers semblaient devoir faire jouir le commerce français, aujourd'hui pourtant si languissant.

Triste énigme , qu'il est temps d'expliquer.

TROISIÈME ÉPOQUE.

De l'État du Commerce de nos jours.

§ Ier.

Du Commerce de l'Angleterre et de celui des Etats-Unis.

Deux nations, entre toutes les autres, se disputent aujourd'hui la suprématie commerciale du monde entier ; l'Angleterre et les Etats-Unis.

On croirait ces deux peuples appelés à une si haute destinée par leur commune origine et plus particulièrement par leur position maritime.

Toutefois l'Angleterre comme aînée, mieux dotée et déjà solidement établie bien avant 1776, conserve quant à présent sur sa rivale des avantages immenses.

Insulaire et voisine du continent européen, elle possède par la Tamise seule, fleuve unique dans la nature par ses convenances nautiques et par ses *docks* immenses ajoutés à son cours, un entrepôt

central capable de recevoir toutes les marchandises de l'univers.

Plusieurs autres de ses ports pourtant
les reçoivent directement pour les distribuer aux fabriques et à la consommation
de ses trois royaumes à l'aide de canaux
aussi multipliés qu'il y a de destinations
indiquées.

Tous ces ouvrages, dont l'imagination
s'effraie, ont été exécutés depuis moins
d'un siècle, pour la plupart, avec les capitaux de l'aristocratie anglaise, moyennant des concessions de péages qui ajou-
tent beaucoup à son opulence.

Une marine marchande, montée sur la
plus grande échelle, perfectionnée dans
son service, vient animer et enrichir toutes
ses possessions.

Des lois dictées par le génie du commerce, telles que le bill ou acte *de navigation;* une administration publique sans
cesse éveillée sur tout ce qui peut l'intéres-
ser; des institutions merveilleuses tout occupées de son agrandissement; d'immenses
priviléges accordés aux compagnies des

Indes; les forces navales de l'état mises à leur disposition pour l'escorte ou pour la conserve de leurs riches cargaisons; des concessions de primes aux exportateurs des produits anglais; des *drawbacs* ou réductions des tarifs d'entrée aux importateurs des objets manquant au pays; des encouragemens prodigués à toute industrie qui marche à d'utiles découvertes; des récompenses plus larges encore décernées au succès, tout se lie, tout s'enchaîne dans les conceptions de ce vaste système commercial de l'Angleterre.

Le plus souvent prohibitif de toute introduction des produits de fabriques étrangères, il les attaque, les mine et les renverse sur leurs propres fondemens, par une concurrence au rabais qu'elles ne peuvent soutenir.

Sa politique en 1825 a semblé vouloir renoncer aux prohibitions absolues de l'entrée chez elle des marchandises étrangères; l'introduction en fut permise à la charge du paiement des droits de douane; mais cette charge a été tellement calculée qu'elle équivaut à la prohibition. En attendant, à la faveur de la concession apparente, elle s'est ouvert de nouveaux débouchés pour ses produits industriels.

De l'administration cet esprit exclusif a passé dans les mœurs des particuliers; ils rougiraient de se montrer vêtus d'étoffes étrangères, ou d'employer des ameublemens qui n'eussent pas été façonnés et tissus par des mains ou des machines anglaises.

Chez eux la profession du commerce n'entraîne aucune dérogeance; elle s'allie avec les dignités.

Leur haute politique contemple sans cesse les points d'occupation qui peuvent favoriser la circulation de leur commerce ou les rapprocher des consommateurs.

Calcutta, dans l'Inde, est pour eux une seconde métropole qui commande à une multitude de comptoirs importans; Sainte-Hélène, l'Ile-de-France offrent à leurs vaisseaux des mouillages précieux où se réparent les dommages et les déficits de cette longue traversée.

Aux atterrages de France, Gersey et Guernesey;

Dans la Méditerranée, Malte, Corfou, Gibraltar;

Sur l'Océan, le Portugal, à peu près occupé par eux;

Dans la Baltique, Héligoland;

Dans les Antilles, la Jamaïque; plus loin le Canada, et tant d'autres possessions.

Subsides conduits aux lieux dont ils ne sont pas maîtres.

Et dans leur économie politique, combinaisons profondes, habiles, variées.

Emissions constantes, usage perpétuel et journalier de papiers de crédit, circulans, libres, populaires, dont la facile abondance leur permet d'exporter sans mesure dans l'Inde et dans leurs autres possessions lointaines le numéraire, qui y est seul reçu dans les paiemens. (1)

(1) Il paraît que depuis quelques années les Anglais sont parvenus à faire recevoir leurs marchandises en Chine, et même dans les Indes, *et de plus* à en rapporter du numéraire; ce qui leur laisse plus d'espèces pour la circulation intérieure.

Attraction des fonds de l'étranger à leur banque par le service qu'elle fait des intérêts sur dépôts et par leur capitalisation.

Réductions calculées des quantités de produits dont les prix s'aviliraient, ou qui périraient par leur encombrement.

Multiplication à volonté des ressources de la marchandise emmagasinée par les récépissés des *docks* qui s'engagent ou se négocient sur place.

Théorie de leurs assurances, tellement subtile que pour accaparer les primes de l'étranger elle va jusqu'à le garantir des risques que le pavillon anglais leur ferait courir.

Rapidité de leurs liquidations sur toute espèce de sinistres,

De celles des faillites et banqueroutes principalement, qui, en se prolongeant, ne laissent que des créanciers frustrés et des débiteurs au désespoir.

La justice commerciale d'Angleterre est si expéditive dans ses réglemens de faillites qu'en 1827, en moins de trois mois, elle en a réglé jusqu'à 9,000.

En toute matière de dettes échues ou

exigibles, telles que lettres de change, billets, polices, loyers, etc., exécution immédiate, en quelques heures, sur la personne ou sur les meubles du débiteur, à moins qu'il ne donne caution.

Pour leurs fabriques, le grand principe est de modérer les prix pour vendre plus vite et répéter plus souvent les emplois d'un même capital;

Pour le détail des ventes, d'éviter la manie de surfaire, de livrer avec scrupule pour les poids et pour les qualités, même à l'enfance chargée des commandes.

Enfin un dernier trait bien caractéristique de l'inconcevable prévoyance de ces spéculateurs anglais est l'établissement connu dans Londres sous le nom de *Café de Lloyd*, qui est adhérant à la Bourse, non pas en raison des salles d'assurances qui lui sont contiguës, ni des loges ouvertes à tous les armateurs pour y recevoir à heures fixes les visites des courtiers, mais à cause de l'espèce de foyer de renseignemens soumis à l'inspection du négoce.

Dans ce foyer sont sans interruption

réunis, 1° tous les journaux des quatre parties du monde dans lesquels il est parlé d'expédition en marchandises ; 2° tous les rapports des consuls et agens du commerce anglais expédiés des lieux où ils font leur résidence à ce café de Lloyd ; 3° les procès-verbaux de visite ou extraits des livres de bord, dressés en mer par leurs capitaines de navire ; 4° tous les relevés faits jour par jour par les douanes de chaque port de la Grande-Bretagne des marchandises qui y existent, de celles qui en sortent, et des points sur lesquels elles sont expédiées.

Il n'est pas un avis essentiel sur les mouvemens des marines marchandes étrangères, sur la qualité, l'importance et la destination de celles visitées en mer, à toutes les hauteurs, sur les différences d'approvisionnemens entrés ou sortis, qui ne soit soigneusement extrait des annonces diverses, et consigné tout au long sur un *grand livre-répertoire*, sous des initiales de renvoi qui guident chaque armateur sur ce qu'il peut expédier vers les marchés signalés, chaque assureur sur ce qu'il peut garantir de risques.

Une nation qui sait à ce point sacrifier au commerce, qui sait de plus ériger des statues à un modeste bourgeois de Londres pour avoir fait les premiers frais de ses *docks,* est un colosse consolidé dont la chute quoique pressentie paraît impossible.

Cependant les États-Unis incessamment s'avancent dans la carrière. Leur marine, construite avec des bois pris sur place, est d'un équipement bien plus économique; leur sol donne naturellement en tabacs, denrées coloniales, bois précieux, farines, etc., des produits que l'Angleterre n'obtient que par achats.

Leurs forces continentales se sont accrues de la Louisiane.

Leur force commerciale peut au premier jour être augmentée par l'adjonction de l'Amérique du sud.

Ils ont l'inappréciable avantage d'une administration publique qui ne coûte rien; celui encore d'une paisible uniformité de culte extérieur; celui d'une plus grande simplicité de mœurs, d'une économie plus uniforme, celui d'une action plus concentrée dans leurs frontières, mieux assurée par l'égalité des conditions; moins bizarres, plus modestes, ils réussissent mieux que leurs rivaux dans les négociations mercantiles.

§ II.

Du Commerce des autres Etats maritimes.

Au-dessous de ces deux concurrens viennent en seconde ligne, comme puissances maritimes et commerçantes, la France et le royaume des Pays-Bas.

La France, pour laquelle on écrit plus particulièrement ici, dont les ressources pour le commerce vont être plus spécialement indiquées, la France, pour cette revue générale, compte encore dans l'Inde l'île de Bourbon, Madagascar, et autres comptoirs; dans les Antilles et en Amérique, la Martinique, la Guadeloupe, la Guyane; en Afrique, le Sénégal, toutes possessions où ses flottes marchandes peuvent se porter sans avoir à implorer la protection d'aucune autre puissance.

Le royaume des Pays-Bas, enté sur la Hollande, y ayant réuni Ostende, Anvers, si chèrement restauré, la navigation de la Meuse et du Rhin.

Maître encore dans l'Inde de Batavia et d'autres relâches pour ses navires marchands.

Héritier des antiques fortunes qui lui ont été transmises d'âge en âge par les premiers marchands d'Amsterdam, son commerce peut les mettre en valeur sans recourir aux emprunts s'il cesse de verser aux emprunts des autres états.

Sur la troisième ligne, succèdent la Russie, l'Autriche, le Portugal, le Danemarck, l'Espagne, les autres pavillons ne couvrant guère que le cabotage ou quelque commerce interlope.

La Russie, dont le commerce extérieur se réduit par terre à quelques caravanes de la Tartarie, et qui par mer n'a que les deux issues de la Baltique et de la mer Noire, terminées l'une et l'autre dans leur encaissement par deux impasses politiques, la Russie, n'ayant à exporter dans la Baltique que des productions qui déjà y abondent d'ailleurs, et n'ayant encore par la mer

Noire franchi les Dardanelles que pour des expéditions en blés de la Crimée.

L'Autriche, qui alors qu'elle était en possession de Trieste et d'Ostende à peine a eu quelques lueurs d'existence commerciale sur les mers, enrichie maintenant de Venise, mais ne l'ayant pas encore manifesté au-delà de l'Adriatique.

Le Portugal, séparé désormais du Brésil, dont la dépendance lui faisait seule oublier la sienne propre.

Le Danemarck, bornant ses sages calculs à la conservation de Frederichnagor dans l'Inde, et de l'île Saint-Thomas dans les Antilles.

L'Espagne enfin, que huit cents ans de domination des Maures ne purent rendre commerçante ; alternativement avide de gloire et de butin, jamais des profits commerciaux obtenus par le travail ; assez heureuse pour avoir mis sous ses lois les plus riches contrées du globe ; assez inhabile pour n'avoir pas su avec la clef d'or se rendre propre une seule industrie, et pour n'avoir joué parmi les spéculateurs de l'Europe que le rôle de caissier; assez malheureuse pour avoir confondu dans l'action de son gouvernement deux principes dont l'autorité doit toujours être distincte; devant à ses oppressions la perte des royaumes d'Amérique, dont elle n'a connu la fertilité que par le produit de leurs mines, et dont elle n'a jamais songé à bannir l'ignorance.

Dans cette situation générale du commerce, deux grands procès s'agitent au sud des Amériques et sur le Bosphore, qui bientôt peuvent y apporter des changemens notables.

Dans l'un, ce qui est en compromis, c'est cette alliance toujours si difficile du pouvoir religieux et du pouvoir civil, le premier étendant le gouvernement des consciences au-delà des choses spirituelles, et les accommodant à ses vues temporelles; le second marchant avec les siècles, obligé de céder aux principes généreux et tempérés de la civilisation et à l'impulsion des exemples.

Quel sera le dénouement de cette lutte, d'autant plus opiniâtre qu'elle engendre tous les ravages des guerres civiles, et qu'aucun libérateur jusqu'ici n'y exerce le droit sacré d'une pacifiante intervention? Quel bienfaiteur auguste de l'humanité viendra venger enfin la nature outragée dans ces climats heureux, au point que l'on y dédaigne les biens qu'elle prodigue, et qui satisferaient ailleurs à tant de nécessités?

Quant aux démêlés du Bosphore, le concours de l'Angleterre, qui les complique, en donnera sans doute prochainement la solution.

Puisse le pavillon français être appelé à porter sur l'un de ces théâtres si cruellement agités le calme, nos produits industriels et la première des nouvelles colonisations européennes qu'il réclame, et à ressaisir sur l'autre nos droits acquis au commerce du Levant!

§ III.

De l'État actuel du Commerce en France, de ses Causes et des Moyens de l'améliorer.

On vient de signaler en aperçu général ce que la France, un peu tardivement, s'était approprié dans la carrière du commerce avant la révolution, ce que lui avaient fait perdre les terribles accès de cette fièvre politique, ce que l'empire en dernier lieu lui avait restitué de vigueur réelle et de germes de renaissance, ce qui lui reste de colonies à exploiter.

Voici, pour arriver au terme présent, des points de départ plus directs.

Avec des côtes étendues, des ports multipliés sur deux mers, un sol fertile, des établissemens tout formés, une population nombreuse, des capitaux considérables;

Abondamment pourvue de matières premières, de talens utiles aux arts, de bras exercés, de machines ingénieuses, de procédés économiques;

Préférée pour plusieurs branches de fabrication;

Industrieuse, active, d'une émulation impatiente;

Foyer des arts,

Berceau du goût,

Rendez-vous de l'Europe tributaire de ses séductions,

Aidée de l'expérience,

Appuyée sur une constitution sage, sous un prince bienveillant,

Affranchie de certaines préventions,

La France cependant voit en ce moment son commerce réduit à un état de souffrance extrême et déjà prolongé.

On se demande avec surprise quelles peuvent être les causes de cette stagnation imprévue, et l'on appelle de tous ses vœux les mesures propres à la faire cesser.

Il faut s'en expliquer franchement; l'amour du bien public doit être impartial, toujours véridique et jamais ni morose ni hostile.

SECTION PREMIÈRE.

Causes de la Souffrance actuelle du Commerce français.

Ces causes, il faut qu'elles tiennent du moins en partie à des circonstances générales du commerce arrivées hors de France, puisque plus ou moins il languit aussi à l'extérieur.

Si l'on ose risquer une opinion sur ces

causes générales procédant du dehors on se permettra d'en annoter quatre principales :

1° L'excès dans les produits d'un même genre de culture ou de fabrication sur divers points à la fois ;

2° La suppression presque totale depuis 1814 des arrivages de piastres du Mexique qui circulaient en Europe avant que le trop plein s'écoulât dans les Indes ; (1)

(1) Dans un écrit fort remarquable, publié à Londres en 1826, M. Lorès-Estrada, Espagnol, affirme que cette diminution dans les arrivages est des sept huitièmes depuis vingt ans ; il y trouve la cause principale de la stagnation actuelle du commerce en Angleterre et dans toute l'Europe. Il fait présager pour notre continent des désastres qui en résulteront prochainement à moins qu'il ne s'assure du rétablissement des mêmes arrivages, ou qu'il ne se décide à alimenter la circulation des espèces par la remise en exploitation des mines d'or et d'argent qu'il possède lui-même.

Pour nous rassurer, à certains égards du moins, contre les assertions et surtout contre les tristes pressentimens de M. Estrada, des observateurs distingués dans le haut commerce estiment, quant à la réduction alléguée des sept huitièmes dans les arrivages de piastres américaines, qu'elle n'a pas eu d'influence sur la circulation, les arrivages réguliers ayant été remplacés par les capitaux énormes que les émigrés du Mexique ont importés en Europe dans leur fuite.

Quant aux conséquences ultérieures de la suppression

3° L'habitude contractée par les différentes puissances d'absorber par des emprunts sans cesse renaissans les capitaux nécessaires à la circulation;

4° Le compromis de grands capitaux dans des entreprises lointaines et d'une trop lente réalisation, d'où sont résultées des faillites subites, innombrables; d'où des inquiétudes, des craintes, l'éloignement de la confiance, l'altération du crédit commercial, et en résultat le resserrement des espèces.

Il en est du commerce, pris dans sa généralité, comme du monde physique, et de ses vicissitudes comme des maladies épidé-

même de ces arrivages par la suite, ils en reviennent à l'observation qu'aujourd'hui le commerce des Indes n'exige pas à beaucoup près que l'on y envoie autant de piastres effectives, les Indous et les Chinois ayant contracté l'habitude de s'approvisionner en articles divers de nos fabrications d'Europe, souvent même de les payer en piastres; ce qui fait que l'on tire journellement en piastres sur l'Inde. Ce nouvel état de choses dans l'Inde prouverait qu'une révolution bien favorable au commerce s'y serait opérée, et que désormais tout le problème sur l'arrivage des piastres d'Amérique se réduirait pour l'Europe à son service continental.

miques. Les accidens qui lui surviennent, les fautes qu'il commet frappent bientôt à distance tous les membres de ce grand corps.

Toutefois il raisonne ou plutôt il juge des uns et des autres dans un sens relatif et restreint, des accidens pour les *coter*, des fautes pour s'en garantir et même les faire tourner à son profit. Toute force majeure, telle que stérilité, naufrage, intempérie des saisons, crises politiques, y est considérée pour ses suites; toute faute y est relevée non dans le sens du blâme ou de la controverse, mais dans celui de l'observation et des calculs : c'est sous ce point de vue que la situation actuelle du commerce de France est ici présentée, moins dans l'ordre moral que dans celui des faits.

Quand le commerce de France, en 1814, n'aurait eu en lui-même aucun principe de malaise il se serait ressenti des effets inévitables produits par les causes majeures et générales ci-dessus signalées de la révolution, de l'anéantissement des grandes compagnies de finance et de commerce et des grandes fortunes mobilières qui se portaient vers l'industrie, et il faudrait toujours expliquer par elles d'abord l'état de souffrance où il se trouve.

Mais il s'en fallait bien qu'il fût invulnérable; il avait à se relever des fausses positions où un régime successivement convulsif ou tout militaire ou tout arbitraire l'avait placé.

Il avait à supporter les charges du nouvel ordre qui allait lui rendre ses garanties, charges qui ont pesé sur lui singulièrement en ce que c'est l'étranger qui les a imposées et qui en profite encore annuellement par l'exportation des arrérages des rentes qui lui ont été gratuitement créées;

Toutes les autres dépenses de la restauration, citées en raison de ce qu'elles ont enlevé à la circulation habituelle du commerce.

Est survenue celle de l'indemnité des émigrés, qui a eu pour le commerce le même inconvénient.

De fortes sommes ont été consacrées à

de pieux emplois, à des établissemens religieux ou couvens de femmes, dont les
dotations prises sur le numéraire circulant
sont encore sans retour.

Des emprunts considérables par l'état
ont eu lieu coup sur coup; ils ont fondé
par leur solidité le crédit public, à peu
près le seul malheureusement que l'on con-
naisse de nos jours. Ils ont attiré à eux tous
les capitaux de la nation; il n'en est plus
resté pour les fabriques, pour l'industrie,
encore moins pour les spéculations d'outre
mer ou à longs termes, ni pour le papier
circulant des négocians même solvables.

Ce sont là, relativement au commerce,
autant de causes de force majeure dont il
est forcé de subir les conséquences,

Sans parler d'une foule d'obstacles que
lui opposent encore les lois fiscales, celles
des douanes, ou certaines mesures de l'autorité administrative, ou certaines imperfections de son code qu'il est possible et
important de faire disparaître.

A toutes ces causes de la crise présente,
indépendantes de la marche du commerce,

il est juste de joindre les fautes qu'il a commises ou dont il aurait pu être préservé par une meilleure direction.

L'inconsidération qui a créé, sur un grand nombre de localités à la fois, une multitude de fabriques et de manufactures pour la même branche d'industrie, exploitant les mêmes matières premières, sans s'informer de la concurrence des fabrications étrangères, que vingt années de querelle avec nous ont donné le temps et le besoin d'édifier sur presque tous les marchés du continent que nous avions l'habitude d'approvisionner;

L'esprit d'agiotage sur les effets publics, sur les actions des compagnies, qui n'a que trop pénétré dans les maisons de commerce, refroidi l'amour du travail, et faussé l'emploi des fonds faits pour leurs opérations ordinaires;

L'imprévoyance des débuts dans la fondation des établissemens nouveaux; les dépenses premières de construction de bâtimens ou de machines trop souvent mal calculées et excessives;

Le malentendu dans la procréation des produits naturels, qui fait que la France, malgré sa fertilité, demeure tributaire de l'étranger annuellement de plus de trente millions pour importation de bestiaux qu'elle peut très bien élever chez elle ; tribut honteux pour la terre natale qui offre son sein à ses enfans;

L'exclusion donnée à Paris à une seule banque publique dite *de France*, et pour l'escompte du papier de commerce, sous prétexte de le généraliser, à un taux modéré, et dans cet espoir suppression de la caisse d'escompte de commerce, qui accueillait le papier du second ordre, et du comptoir Jabach, si utile au petit commerce de Paris ;

Dans l'exécution au contraire de la concentration du crédit accordé par la banque dans de certaines classes d'escompteurs, qui ne prêtent pas l'argent à beaucoup près au même prix qu'ils l'ont obtenu du conseil d'escompte,

L'étrange satisfaction donnée aux actionnaires de la banque d'apprendre tous les ans qu'elle n'a perdu que cent cinquante ou deux cents francs sur ses escomptes, c'est à dire qu'elle n'a couru aucun risque du négoce même le plus sage, qu'elle n'a prêté que sur lingots ou sur des collections de signatures impérissables;

Et enfin, pour grossir l'embonpoint de dividendes gagnés sans création de valeurs quelconques, la dénégation que fait la banque de tous intérêts sur dépôts et sur comptes ouverts.

Tous ces écarts répétés du privilége sont depuis longues années très préjudiciables à la masse commerçante, qui avait déjà vu, à son grand détriment, l'administration impériale s'installer au gouvernement de la banque pour s'en aider et distraire, pour tout autre emploi que l'escompte, le capital qui lui était destiné, ou en garder les deux tiers inactifs plutôt que de le déclarer : système vraiment inexcusable dans une banque dite de *circulation*, dont l'essence est de se produire au-dehors autant que possible, et d'opérer beaucoup d'escomptes avec le plus petit capital par la toute-puissance du crédit inhérent à ses billets-monnaie.

Hors la banque et le négoce, l'impétueuse éruption en dernier lieu des fonds échappés aux jeux effrénés des spéculations de bourse, dans des entreprises d'achats de terrains et de bâtisse qui, par leur subite interruption, ont laissé leurs imprudens auteurs sous des décombres;

Dans les expéditions maritimes en marchandises absence presque absolue de combinaisons, aucunes n'étant concertées, ni avec les différens ports d'aller de France, ni avec ceux de la destination, ni avec l'administration de la marine, pour l'opportunité, le choix, les qualités et quantités;

Pardessus tout l'imperfection des lois ou réglemens nautiques; non qu'il n'en ait pas été porté à peu près sur toutes les nécessités, mais parce que le code de 1807 ne les ayant pas reproduits ils sont tombés en désuétude.

Mais c'est trop insister sur les causes du mal; il est temps d'arriver aux moyens de le faire cesser.

SECTION SECONDE.

Essai sur les Moyens d'améliorer l'Etat actuel du Commerce en France.

Ce n'est qu'en tremblant que l'on propose ici des vues rapides sur un sujet aussi grave, et qui comporterait, avec de longues méditations, toute la puissance du génie, toutes les ressources aussi de la haute administration.

Toutefois le zèle risque cette ébauche, et une indépendance de position permet de la tracer sans restriction ni faiblesse.

Pour en dessiner le plan fort à la hâte on est parti des points donnés, pour la France, par la nature, par sa situation, par sa fortune présente comme puissance en même temps continentale et maritime,

On a senti que, n'y ayant aucune similitude entre elle et les états voisins, et pourtant la matière abondant en affinités, il ne fallait ni se traîner servilement sur les pas d'aucun modèle, ni dédaigner les imitations.

Une autre considération sur l'ensemble doit être saisie ; c'est qu'il se compose de *voies* et *moyens* distincts, dont l'exécution peut avoir lieu pareillement, avec trait de temps ou convenu ou commandé, par leur connaissance même.

ARTICLE PREMIER.

Nécessité d'une Direction générale.

Ce qui manque essentiellement au commerce de France c'est une direction constante, active, habile, paternelle, qui, connaissant ses ressources, prévoyant ses besoins, observant sa marche, sans cesse s'occupe de l'avertir, de l'éclairer, de le protéger ; c'est une sentinelle en faction permanente, un flambeau tutélaire.

Pour cette grande direction des principes positifs, des règles générales semblent devoir avant tout être arrêtés sur des bases immuables.

Une première de ces bases est à poser sur la constitution physique de la France, qui est essentiellement agricole et dont la principale richesse consiste dans ses produits territoriaux. Là est sinon la somme du moins la sève des valeurs à exploiter.

Une seconde considération à prendre est celle qu'à la superficie et dans les entrailles de son sol se trouvent tous les moyens de mise en valeur de ses produits exploitables.

Une troisième, que l'étendue de ses côtes, la sûreté de ses ports et rades se prêtent à toutes les tentatives d'exportation et d'importation en même temps que ses autres frontières rendent faciles toutes les précautions prohibitives.

Une quatrième, que le pays, matériellement pourvu de la somme de numéraire suffisante pour les objets de luxe et de fantaisie aussi bien que pour ceux de première nécessité, s'en trouve accidentellement dépourvu dans son commerce de marchandises soit en gros ou en détail et dans presque toutes ses fabrications;

Que de l'enlèvement des capitaux fait au commerce résulte le ralentissement extrême des achats et ventes, à plus forte raison des forts approvisionnemens qui étaient d'un allégement si considérable pour le marché : d'où suit le défaut de consommation qui est pour lui de toutes les maladies la plus mortelle;

Que, par une autre fatalité de l'époque, le corps social en France éprouve un malaise non moins embarrassant dans l'inoccupation d'une jeunesse d'autant plus intéressante qu'elle a été élevée pour des emplois plus relevés que son origine, sous le retentissement du bruit des armes et dans la perspective des illustrations de tribune; que, n'y ayant plus de proportion entre tant d'espérances et le nombre des cases à remplir, il y a une surabondance relative de sujets qui rompent l'équilibre, obstruent l'entrée des fonctions gratuites, exagèrent le prix de toutes les charges vénales, et soumettent la société à de grandes vicissitudes qu'il importe de faire cesser.

Prenant de ces hauteurs la tâche qu'elle aurait à remplir, la direction générale du commerce saisirait tous les fils qui doivent la conduire dans le labyrinthe, le lui faire parcourir graduellement, d'abord pour le *provisoire* des améliorations urgentes, puis au terme d'une régénération définitive du commerce.

Pour le provisoire elle admettrait sûrement que son premier soin doit être de rendre au commerce, sinon encore les capitaux qui l'ont quitté, du moins le *crédit* qui manque à ses développemens.

Au premier abord sans doute l'entreprise serait difficile, parce que le crédit naît de la confiance, et la confiance d'une *opinion* raisonnée. Le chef-d'œuvre est de concilier cette souveraine du monde et du crédit avec la défaveur encourue par le malaise commercial qu'il s'agit de soulager.

Mais la difficulté ne peut pas être insoluble pour l'autorité régénératrice que l'on suppose instituée spécialement pour l'œuvre de la réhabilitation du commerce.

Digne de son institution, elle saurait d'abord se mettre au-dessus des antipathies qui repoussent les bienfaits du commerce comme des dons funestes de l'*aristocratie industrielle*.

Elle n'écoutera pas les préventions des joueurs de la Bourse, qui déclament contre les placemens d'argent faits dans les entreprises manufacturières, dans les spéculations sur marchandises ou les expéditions maritimes.

Elle ne céderait à aucune terreur panique, et ne serait dupe d'aucune illusion.

Elle serait imbue de ces vérités de fait qu'aujourd'hui c'est le commerce qui occupe et qui domine le globe;

Qu'il conduit à l'agrandissement de la puissance d'un état, ou qu'il consolide les empires en ajoutant à leur force.

Divinisé par les premiers habitans de la terre, quoiqu'il fût encore bien humble;

Plus réellement honoré par les modernes, dont il fit la gloire et la fortune;

Accumulant de nos jours dans une seule île toutes les pompes, toutes les richesses, tout l'ascendant de l'autocratie la plus colossale qui fut jamais;

Le commerce, comme productif, serait

13

pour cette direction éclairée la plus intéressante des institutions sociales.

Elle jugerait que nulle part désormais il ne peut rétrograder sans qu'aussitôt par son reflux ne soient entraînés dans un gouffre de misère les déserteurs de sa foi;

Que ce n'est plus le cas de se laisser entraîner à ces vaines théories qui n'enfantent que le néant;

Qu'il faut réserver une part céleste aux impulsions religieuses, recevoir d'elles cette morale sublime qui ennoblit toutes les actions de la vie humaine, parce qu'elle en est la source la plus pure;

Qu'au-delà de cette influence c'est la loi civile qui seule doit être obéie, que tout doit se coordonner sur les principes qu'elle déclare, sur les mœurs qu'elle adopte, les actes qu'elle prescrit.

ARTICLE II.

Idée sur des banques départementales et sur le crédit MUTUEL.

Forte de toutes ces convictions, la direction générale commencerait par se ménager dans chacun des départemens de la France une collaboration sous le titre de *Sous-Direction du Commerce.*

Elle chargerait leurs chefs de se concerter avec les sociétés d'agriculture, avec les représentans et protecteurs quelconques de l'industrie départementale dans chaque chef-lieu.

Elle leur prescrirait de dresser un tableau général, par arrondissemens, cantons et communes, de toutes les exploitations rurales, industrielles ou commerciales qui ont quelque importance, avec indication approximative de leurs produits annuels, des quantités engrangées ou emmagasinées, des ressources que peuvent avoir d'ailleurs les divers exploitans en biens acquis, talens et relations.

Ce tableau dressé, de gré à gré, avec les intéressés qui voudront participer au bienfait d'une association mutuelle, dans l'esprit et l'intérêt de la communauté ;

Ces notions prises, on formerait des secours à porter dans toutes les exploitations. l'objet d'une réunion en société ou compagnie départementale, qui devrait faire un fonds capital de prévoyance seulement pour les cas nécessairement très rares de compromission des crédits qu'elle aurait ouverts aux exploitans.

Pour l'ouverture de ces crédits la compagnie départementale stipulerait à la charge de chaque accrédité les conditions de son admission à l'escompte, celle entre autres des trois signatures solidaires, celle de primes et de cotisation légère que comporte le système de mutualité. On recevrait, comme donnant droit à l'escompte, des obligations hypothécaires, comme à l'ex-caisse d'escompte de commerce, et ainsi qu'on le pratique tous les jours en banque en matière de *crédits à ouvrir*.

Avec les effets à ordre qu'elle aurait en portefeuille, ainsi garantis, chaque banque départementale effectuerait ses prêts. Il y aurait un *crédit fondé* dans chaque localité, et pour tous les besoins, dans un papier libre, qui n'aurait aucun des inconvéniens du papier forcé, et n'opérerait jamais de trop plein dans la circulation, la tendance de tout papier libre étant d'aller se loger, quand il est solide, dans tous les portefeuilles, où il devient lui-même à son tour marchandise de spéculation, étant productive d'intérêts.

En faisant pour les départemens l'essai de la réduction d'un *crédit fondé* il est impossible de ne pas prendre en considération très particulière la richesse du sol français, et de ne pas émettre le vœu de voir enfin parmi nous se consolider pour la circulation le crédit foncier.

Quel obstacle s'oppose donc à ce qu'en France les obligations des propriétaires d'immeubles n'y circulent à *l'instar* de celles des simples commerçans et négocians? Assurément ce n'est pas l'infériorité de valeur dans les garanties que les cédules hypothécaires offriraient au public : reposant sur des fonds de terre, elles auront un gage plus rassurant qu'aucune des valeurs mobilières dont se compose la fortune du négoce.

On a par l'exemple de la Prusse l'expérience de l'imperturbable crédit de ces sortes de cédules hypothécaires. Ses billets circulans, dits *phandebieff,* y jouissent depuis plus de soixante ans d'une confiance qui ne s'est jamais affaiblie ; leur valeur d'opinion a résisté aux plus fortes commotions politiques précisément parce que le cours en est resté libre et la transmission de main en main purement volontaire. Les capitalistes n'ont jamais hésité à échanger leur argent contre ces promesses foncières.

Parmi nous deux grands obstacles jusqu'ici ont été rencontrés dans toutes les tentatives de fondation du crédit hypothécaire, d'abord du côté du fisc en raison de l'énormité des droits proportionnels d'enregistrement auxquels donne ouverture toute espèce d'engagement de la propriété foncière ; ensuite du côté des formes de discussion, qui sont très compliquées en toute matière d'hypothèque.

Néanmoins la caisse d'escompte de commerce avait réussi (même avant la promulgation du Code civil, qui a amené de précieuses simplifications) à se créer un crédit foncier pour le tiers de son capital dans les obligations hypothéquées de ses actionnaires, et il est à remarquer qu'elle n'a jamais rien perdu sur ces valeurs.

Deux autres établissemens, opérant dans ce même système du crédit foncier, ont été moins heureux. La banque territoriale, organisée il est vrai avec la plus grande incurie sur de fausses bases d'estimation et de solidarité, a causé de grandes pertes à tous ses intéressés.

La caisse hypothécaire, établie dans un plan beaucoup plus sage, ne se soutient jusqu'ici qu'avec une extrême difficulté. Quelles en sont les causes? C'est peut-être que son mode de prêt par *annuités* se concilie peu avec les habitudes usufruitières des emprunteurs; que l'idée en est abstraite et encore mal saisie pour le plus grand nombre; que d'ailleurs ses obligations, dont l'échéance est ajournée *à vingt ans*, sont trop peu productives pour qu'elles soient recherchées comme placemens; de plus on craint les lenteurs et les frais de la discussion à laquelle les immeubles hypothéqués seraient soumis.

Dans le principe de l'institution de cette caisse de prêt le plan avait été d'opérer par le mode infiniment moins compliqué et plus expéditif des ventes à réméré de la part des emprunteurs ; l'énormité des droits de mutation que cette espèce de droit comportait a forcé d'y renoncer.

C'est un grand malheur que la loi fiscale arrête ou contrarie ainsi à chaque pas les développemens du crédit foncier, qui associerait la propriété immobilière aux combinaisons et aux avantages du négoce.

Toutefois, en l'état des choses, ce sera faire beaucoup pour le commerce que de fonder les banques mutuelles dans les départemens : on aura désobstrué la circulation des marchandises, ravivé les fabriques, préparé les consommations par le mouvement et l'approche des denrées ; on aura relevé nombre de cours de l'extrême baisse.

Cependant d'autres avantages sensibles en seront encore le résultat ; le plus signalé sera l'anéantissement immédiat de l'*usure*, qui dévore l'intérieur des départemens.

De l'usure, combattue ici seulement sous le rapport des préhensions désordonnées, qu'elle exerce sur le commerce par la rupture des prix courans ou par la ruine du commerçant usuré, qui finit par livrer à grande perte.

Ces banques en même temps porteront un coup mortel à cette classe malfaisante avec ou sans intention vouée à *l'avarice;* à l'avarice par peur comme à l'avarice par cupidité, à l'avarice même *par manie,* quoique la plus incurable ; elles rassureront la première ; elles désappointeront la seconde; elles offriront à la troisième un moyen de conservation qui la préservera du vol, des importunités et des non-valeurs.

La même institution de banques spéciales mutuelles aurait lieu simultanément à Paris, et y ramenerait sous un meilleur système les secours effectifs que l'hôtel Jabach fournissait si utilement au *petit commerce.*

Ces associations mutuelles se contracteraient sous la forme des sociétés anonymes et avec ces restrictions de solidarité

14

qui rassurent tous les esprits. Chaque membre de l'association ne répondrait toujours que de ce qu'il aurait souscrit ; sa responsabilité serait toujours restreinte à l'apport de sa signature.

C'est à la faveur de ces limitations de risques et de la modicité des cotisations et contributions communes que la compagnie anonyme d'assurance mutuelle contre l'incendie à Paris a pris un si prodigieux accroissement. Son capital, engagé comme assureur et réciproquement garanti comme assuré, dépasse aujourd'hui un milliard cinq cents millions.

Que ne doit-on pas au fondateur de cette belle institution de la *mutualité!*

Dans les créations simultanées de ces banques spéciales mutuelles la banque de *France* serait sans droit pour se plaindre,

D'abord parce qu'aucune d'elles n'aurait à opérer par les moyens identiques de ses négociations, puisqu'elles n'auraient à émettre d'elles-mêmes et d'elles seules aucuns billets au porteur, réputés espèces circulantes ;

Ensuite parce que ces banques spéciales admettront pour garantie des crédits ouverts par elles des valeurs hypothécaires, valeurs de marchandises *en consignation* et autres, sur lesquelles la banque de France ne fait jamais porter aucune de ses opérations d'escompte ; en sorte qu'il y aurait toujours une matière différente de négociations pour celle-ci et pour celles-là ;

De plus, parce que le principe de la mutualité marié avec celui des sociétés anonymes introduit un genre de solidarité tout nouveau, absolu, indéfini, et pourtant très acceptable dans les limites des fractions minimes dont se composera le fonds capital de chacune de ces banques spéciales ;

Enfin quant aux départemens parce que, malgré la vocation que lui donnait sa dénomination seule, la banque *de France* n'est presque jamais sortie par ses institutions ni même par ses billets du rayon de la capitale.

Au reste le service des banques mutuelles aurait le double avantage d'augmenter la

matière escomptable par une sorte de mobilisation des propriétés foncières admises
à la mutualité, et de se prêter aux convenances du négociant par des anticipations
de valeurs que la banque de France ne lui
accorde jamais sur ses simples mandats. La
banque de France ne tient aucun compte
au négociant les jours d'échéance des effets
qu'elle a à recevoir pour lui; ce n'est que
le lendemain qu'on lui bonifie le produit
de ceux encaissés; en sorte que le jour
d'échéance ayant été payé lui-même c'est
une double provision dont il faut qu'il soit
muni.

ARTICLE III.

Facilités de Consommation.

Mais tous ces provisoires d'urgence bientôt périront si au plus tôt sans hésiter on
ne s'occupe d'autres mesures.

Avoir fourni aux créateurs et aux possesseurs des produits dans le crédit accordé à leurs signatures le moyen de res-
pirer un peu, ce ne sera pas leur avoir
rendu les forces pour qu'ils puissent se
mouvoir et exister.

Tous ils sont des livranciers : leur vie est dans la promptitude et la continuité de leurs ventes, de leurs livraisons, de leurs recouvremens.

Ce sont des acheteurs et consommateurs qu'il leur faut.

Le nombre de ceux-ci est grand ; il est à proximité ; il peut se grossir au loin.

Il ne s'agit que de les déterminer.

Pour cela trois grands ressorts sont nécessaires à mettre en mouvement ;

Le besoin,

L'aisance,

La convenance.

Le besoin. Il est absolu ou relatif, réel ou factice ; il est dans les accidens qui surviennent ou dans les nécessités que l'on fait naître.

L'aisance. Elle est dans la possession des ressources ou des revenus qui permettent d'augmenter ses dépenses pour satisfaire ses besoins ou ses jouissances ; possession qui doit être soutenue par la conviction de la stabilité uniforme de ses recettes.

La convenance. Elle est dans la qualité

des choses à consommer, dans la fidélité des livraisons, dans leur opportunité, dans les conditions de vente.

De ces trois grands ressorts le premier besoin réel ou factice peut être plus ou moins au pouvoir de la direction générale.

Le besoin *réel* ne sera pas soumis à son action dans son intensité présente, qui est connue, forcée et sans influence pour la cessation de la crise. C'est un consommateur habituel dont la clientelle ne peut pas échapper au commerce, et dont la présence ne peut pas mettre un terme au mal qu'il n'a point empêché.

Mais ce besoin réel peut s'accroître par plusieurs combinaisons que la direction générale réglerait sur l'intérêt public,

Notamment pour l'amélioration des *qualités* de certaines consommations, telles que celle du blé-froment, procédé qui, en diminuant les quantités inutiles et nuisibles, tournerait à la fois au profit des cultivateurs et de l'humanité.

On indique l'introduction de l'usage de cet aliment principal dans les départemens de la France où il est encore inconnu, où il est remplacé par le blé sarrasin ou par les châtaignes.

On indique le dégagement de toutes les parties de son dans les farines à distribuer aux établissemens publics et aux troupes;

Puis la substitution des herbages ou prairies artificielles (pour de plus forts nourris de bestiaux) à une partie de la culture actuelle des terres en blé-froment.

Sous une direction prévoyante les besoins accidentels naîtront de l'approvisionnement des greniers d'abondance ou des silos; ils naîtront avec plus de retenue des exportations de blé qu'elle croira pouvoir favoriser.

Quant aux besoins factices de luxe ou de fantaisie, les mœurs, soit l'éclat de la cour, l'appareil des dignités et des fortunes, la solennité des fêtes et cérémonies, l'accueil des étrangers et leur affluence, la protection des arts en seront naturellement autant de sources intarissables : ce sera pour une direction habile le tissu d'Arachné.

L'aisance. L'ériger en principe d'économie politique ce n'est rien faire pour le commerce : ce qu'il lui faut c'est la réalité de son existence dans toutes les positions où elle doit communément se rencontrer.

Au premier aspect il semblerait que l'invitation adressée à l'autorité de la faire renaître et de la maintenir ne serait qu'un conseil presque dérisoire; à l'examen il va devenir plausible.

ARTICLE IV.

Fixité des Revenus fonciers par l'Assurance des Baux.

L'aisance dans la vie civile est un avantage attaché à la propriété des biens qu'on appelle la *richesse*. Les biens qui constituent la vraie richesse sont les biens-fonds, les terres, les forêts, les mines, les rivières et étangs; ils ne la constituent pas en eux-mêmes, mais en raison des revenus qu'ils produisent annuellement.

Chaque propriétaire a coutume de régler ses besoins ou dépenses sur deux considérations;

La quotité de ses revenus;

La certitude de leur recette continue.

La *quotité* dépend des talens de l'exploitant, de l'expression des baux, cheptels et autres titres de la location des biens. La bienveillance de l'autorité ne peut y aider qu'en faisant préférer des procédés fructueux à des routines abusives.

Il y a plus de latitude pour trouver un moyen de maintenir invariablement cette abondance des revenus fonciers une fois obtenue. Il ne faut pas se laisser effrayer par les difficultés.

Le génie moderne, qu'une morose jalousie a cru persifler par la dénomination d'*industrialisme*, pourrait très bien posséder le secret d'une solution satisfaisante. Il a enfanté tant de prodiges, surmonté tant d'obstacles, imaginé tant d'ingénieuses combinaisons !!!

Entre autres conceptions il a soumis au calcul toutes les espèces de risques que peuvent courir les personnes et les propriétés. Il a entrepris l'œuvre surnaturelle d'annuler ces risques, non pas dans le fait de leur événement, mais dans les conséquences de ce fait pour la partie intéressée ; en un

mot il a conçu le contrat d'assurance, instrument magique plus puissant que la nature dont il répare les mécomptes par la
recréation fictive des valeurs anéanties.

Appliqué aux diverses vicissitudes de la
vie, le contrat d'assurance est passé de la
mer, où il est né, sur la terre, théâtre aussi
de cas fortuits, de naufrages de fortunes,
de sinistres incorporels. Combien de risques de terre ce contrat ne couvre-t-il pas
déjà! Celui de l'incendie des maisons ; celui
de la dévastation des récoltes par la grêle ;
celui de la vie des hommes ; celui de la validité des hypothèques ou de la solvabilité
des débiteurs.

C'est une garantie de ce genre que l'on
propose d'offrir à la classe des propriétaires
dans l'*assurance* de leurs revenus, de l'exécution de leurs baux et du paiement exact
de leurs fermages moyennant une prime
dont la charge annuelle serait insensible.

En acquittant cette prime sur la simple
dénonciation du retard que les fermiers,
locataires ou colons partiaires leur feraient
éprouver ils auraient le droit à l'instant

même d'exiger de la compagnie d'assurance le paiement immédiat de tous les termes échus de leurs baux.

Peu de propriétaires hésiteront sur un faible sacrifice puisqu'un avantage immense en proviendra, celui d'un revenu fondé et invariable.

Ce serait avec les banques départementales déjà initiées dans les exploitations rurales que les propriétaires auraient à traiter; ils trouveraient dans la constitution de ces banques toute espèce de sécurité, et réciproquement les banques un aliment de spéculation compensatoire des risques qu'elles assumeraient sur elles comme assureurs de revenus.

Toutes les probabilités sont d'ailleurs que cette assurance purement contractée ne comporterait jamais de sinistre majeur au moyen du cautionnement à prendre des fermiers par la compagnie, qui répondrait de leur solvabilité, et des conditions à insérer aux polices dans lesquelles ces fermiers interviendraient.

On verra bientôt la consommation des

objets d'art et de luxe surtout suivre la progression de ces assurances des revenus.

Une remarque qui paraîtra futile à qui n'a connu ni l'ancienne cour, ni les anciens grands seigneurs, ni les grandes compagnies de finances et de commerce, ni par conséquent le luxe de consommation, c'est qu'à Paris en 1789 n'existait aucun de ces innombrables restaurans où les classes aisées vont s'affranchir des tenues de maisons. La masse des consommations sans doute n'en est pas moins forte; mais combien d'offices, d'emplois et de services de moins !

ARTICLE V.

Mesures dans les Exportations et Importations.

Un second moyen non moins puissant d'arriver régulièrement à la consommation des produits naturels et industriels, à la décharge des producteurs, sera dans un système bien réfléchi d'importation et d'exportation.

Sur les importations la règle suprême devrait être, ce semble, de n'autoriser que celle des articles venant de l'étranger qui manquent à l'intérieur , parce que ni le sol ni l'industrie ne les y produisent , ou parce qu'accidentellement le pays s'en trouve dénué.

A l'égard de tous les objets que la France possède déjà , ou qu'elle peut tirer de son propre fonds , le système prohibitif des importations de l'étranger devrait être inexorablement adopté et sévèrement maintenu ; elles opéreraient surcharge à des productions déjà surabondantes ; elles ralentiraient la marche des perfectionnemens de la culture , à diriger vers la production des fruits identiques à ceux importés ; elles comprimeraient par leur parasite apparition l'essor des fabriques qui s'étudient à faire aussi bien que l'étranger , qui sacrifient tout pour le *fini* du travail , et qui tous les jours y font de nouveaux progrès.

Sur les exportations une forte ligne de démarcation serait tracée entre les denrées de première nécessité et celles qui ne servent que la sensualité , ou le luxe , ou les fantaisies.

Pour les premières, prohibition inflexible de sortie tant que le prix des mercuriales, le relevé des greniers d'abondance et des silos n'auront pas démontré mathématiquement que l'exportation n'en peut pas devenir dangereuse, tant qu'il n'y aura pas publicité donnée aux résultats les plus tranquillisans à cet égard.

Tandis que pour les autres productions qui tiennent au superflu l'intérêt du commerce tout au contraire est dans l'encouragement des exportations, ce sont des primes qu'il faut lui accorder pour qu'il les multiplie.

Il serait au surplus indiscret de prétendre aller sur cet article majeur de l'économie politique plus loin que l'indication des besoins et des facultés du pays, en l'absence surtout des données positives que l'administration des douanes possède seule et des stipulations des traités de commerce subsistant avec les autres états, qui pourraient rendre impraticables *actu* les classifications désirées et exiger des modifications.

ARTICLE VI.

Secours aux Colonies et Colonisations.

On ne peut pas traiter de ce chapitre si important des exportations et des importations sans dire un mot de la *balance du commerce*, qui est le grand objet de la sollicitude des gouvernemens eux-mêmes, la clef de la voûte pour les économistes, et après tout la garantie du commerce.

Balance du commerce. Ce mot a deux acceptions bien distinctes ;

C'est d'abord le parallèle qui s'établit entre les profits commerciaux que fait une nation et ceux obtenus par une autre nation. La comparaison numérique donne à chacune d'elles la mesure de ses forces : jusque là ce n'est qu'une recherche d'amour-propre, de curiosité ou d'ambition, qui peut avoir des résultats plus ou moins conformes à la bonne harmonie entre les puissances. Cette comparaison arrêtée au contraire sur les causes qui ont doté l'une d'elles d'une plus grande prospérité ne produit qu'une louable émulation.

Dans sa seconde acception le mot *ba-lance du commerce* exprime pour chaque nation privativement ce qu'elle gagne ou ce qu'elle perd dans le mouvement général de ses exportations à l'étranger, et des importations de l'étranger chez elle, en excédant ou accroissement de sa richesse, soit en numéraire, soit en toute autre valeur. La constatation de ce résultat se consigne aux archives de l'administration publique, dans l'intérêt national; elle touche peu les individus qui ont perdu ou gagné dans les détails de ce mouvement.

Il y a encore intérêt pour chaque état à former une autre espèce de balance, celle des livraisons que la métropole fait à ses colonies avec les denrées que celles-ci lui fournissent; ou plutôt le relevé de ces résultats est porté comme fraction dans le tableau général de toutes les exportations et importations du pays. En économie politique on attache communément une grande importance à ces tableaux; ils de-viennent le sujet des calculs et des controverses ; le commerçant peut quelquefois y puiser des renseignemens utiles.

Un troisième moyen d'accroissement des consommations sera développé par le système des colonisations ; on le place dans l'économie politique occupée du soin de peupler les colonies françaises de propriétaires industrieux qui sachent y fixer des bras exercés à la fatigue, et par leur emploi un ordre de productions régulières, abondantes ; par suite de cette activité une population opulente à laquelle les talens inoccupés en France voudront s'associer.

En première ligne de ces colonisations, la statistique, les récits confirmatifs des voyageurs et des naturalistes qui l'ont parcourue et observée en détail et avec discernement, placent la partie française de la Guyane, dont la richesse naturelle et l'étendue sont telles que ses plus vastes entreprises de culture, d'exploitation de forêts, de plantations nouvelles peuvent y être exécutées avec certitude de gros bénéfices.

On a tenté en dernier lieu d'organiser

16

pour la Guyane française et pour Cayenne une grande compagnie à l'instar de nos anciennes compagnies des Indes orientales et occidentales : des états de produits vraiment miraculeux ont été soumis aux capitalistes que l'on présumait devoir en former le noyau; mais le temps des spéculations d'outre mer n'était pas venu. Le grand art aujourd'hui sera d'en hâter le retour par le reflux des capitaux vers l'industrie.

Quelques inquiétudes sur la salubrité du pays avaient été répandues; mais elles sont exagérées. Les maladies accidentelles qui s'y déclarent comme partout proviennent des intempérances d'une végétation dont la culture soignerait les débris.

Les deux colonies de la Martinique et de la Guadeloupe appellent aussi sur plusieurs points les sollicitudes de la direction générale. Trente années d'abandon à leurs propres ressources, de désordres et de diminution de main-d'œuvre y ont prodigieusement réduit la culture, et par suite la masse des produits coloniaux, du sucre surtout.

A la Guadeloupe une grande étendue de terres propres à recevoir la canne à sucre sont encore restées en friche.

Des capitaux plus abondans leur seraient nécessaires pour en entreprendre le défrichement, nécessaires aussi pour suppléer à l'insuffisance des bras par le secours des animaux qu'il leur faudrait acheter et nourrir, par la puissance des machines à vapeur, dont le prix est toujours élevé.

En l'état actuel de la production dans ces deux colonies la France a déjà un intérêt immense à les faire fleurir. Elle en retire annuellement plus de cinquante millions de kilogrammes de sucre brut, et deux millions cinq cent mille kilogrammes de café. Elle y importe aussi annuellement depuis 1823 pour trente millions environ de marchandises françaises.

Déjà l'administration à cette époque de 1823 a reconnu qu'il n'y avait moyen de conserver ce grand mouvement entre la métropole et les deux colonies, qu'en balançant pour celles-ci les désavantages de la concurrence des sucres étrangers sur les marchés d'Europe. A la Havane, au Mexique, au Brésil le sol est plus productif, les ateliers de noirs plus nombreux, (1) les frais par suite de leur force moins considérables. Pour compenser ces désavantages sur les marchés de France des droits ont été imposés sur les sucres étrangers.

Mais pour atteindre le *maximum* des productions coloniales à la Martinique et à la Guadeloupe principalement il serait désirable qu'une compagnie de capitalistes se formât pour fournir aux planteurs toutes les avances de fonds sur la consignation obligée de leurs produits de plusieurs années.

Le Sénégal, autre possession française précieuse en raison de ce qu'elle est sur le

(1) Ce service des noirs est la pierre de touche dans la création des produits coloniaux. Notre religieuse fidélité au pacte prohibitif de la *traite*, imposé par l'humanité, scellé par le droit des gens et la sainte alliance, l'a fait réduire de beaucoup dans nos colonies. Celle de certains états n'a pas été aussi heureuse dans l'exécution de cette loi sacrée. Des forbans sortis de leur sein l'ont violée sous le masque imposteur de confiscataires sur la piraterie africaine ; leurs colonies ont profité de ce butin impie.

continent de l'Afrique et de ce qu'elle est l'entrepôt du commerce des gommes, etc., exigera qu'on réalise enfin les plans conçus depuis long-temps pour son assainissement.

Le sol encore s'y prête à l'implantation de presque tous les végétaux de l'Inde. L'encaissement du fleuve sur une ligne en amont arrêterait les débordemens qui couvrent les terres, et accumulent dans les bas-fonds des eaux stagnantes dont un soleil brûlant pompe et porte les miasmes au loin.

De tout temps les naturels du pays ont montré les dispositions les plus favorables pour le commerce avec les Français.

ARTICLE VII.

Auxiliaires des Consulats.

Après avoir assuré la consommation par l'approvisionnement de nos colonies en denrées et marchandises nationales par le retour en échange des denrées coloniales dont il faudrait solder le prix à d'autres, la direction générale portera toute l'énergie de son attention sur les consulats français d'outre mer.

Ces délégués du commerce, qui le sont aussi de la diplomatie et de la juridiction, doivent réunir à une haute capacité le sentiment sublime de l'amour de la patrie, le zèle et le discernement de l'intérêt public. Négociateurs prudens, patrons désintéressés des armateurs français, ils sauront par leur prépondérance faire respecter notre pavillon, et préférer la marchandise qu'il couvre. Ponctualité dans l'exécution des traités de commerce quand ils sont positifs; interprétation favorable de ceux qui le sont moins, tels seront les effets de leur active entremise, pourvu qu'ils restent religieusement en dehors de tout intérêt personnel, et qu'ils s'abstiennent de toute spéculation pour leur propre compte comme de toute participation, ce dont leurs diplômes doivent exprimer la défense.

ARTICLE VIII.

Amélioration des Communications et Transports.

Après la conquête des consommateurs viendra l'emploi de tous les moyens capables d'en assurer la clientelle : la facilité plus grande des communications par le bon état des grandes routes, par la multiplication des canaux, par l'accroissement du nombre, la bonne construction et la conduite des navires nationaux, de commerce, ce qui diminuera les frais et les inconvéniens des transports.

Par la possession de nombreux bâtimens de mer la France se ménage une foule d'avantages et de gros bénéfices. Elle gagne par le fret des marchandises, qui à lui seul forme la branche la plus productive des profits maritimes ; elle obtient la réduction des prix de tonnage ; elle s'attache un essaim d'auxiliaires qui chercheront de toutes parts à placer nos produits pour avoir la faveur de les voiturer.

ARTICLE IX.

Navigation marchande ; École des matelots, etc.

Que de choses à faire en cette partie, qui, recommandées à l'autorité publique par les besoins de la marine marchande, appellent toutes ses sollicitudes !

Dans les ports des administrations locales ou légalement trop faibles en pouvoirs, ou activement trop arbitraires pour décider de tout le contentieux des armemens et expéditions ; la police des chantiers de construction, celle des équipages ; la tenue des écritures en mer ; les détails du jet à la mer et du sauvetage, des contributions entre les navires et les cargaisons ;

Dénuées de statuts, ou parce que ceux subsistans sont tombés en désuétude, même dans l'oubli, ou parce qu'il y en a absence totale, par exemple pour le réglement des comptes d'avaries, de ceux des capitaines, patrons et subrécargues, de ceux des armateurs avec les chargeurs, les pacotilleurs ou les intéressés à l'expédition, comme participans, consignataires, etc.

Toute cette organisation, soit qu'elle continue de rester purement administrative, soit qu'elle redevienne *mi-partie* judiciaire et administrative en même temps, exige pour le salut de nos intérêts maritimes, pour la restauration de leur crédit,

des modifications notables, et pardessus
tout une grande sévérité dans l'exécution
des règles.

Pour le bien de la pratique et pour
mieux obvier aux incidens de la navigation il serait ouvert dans les ports principaux du royaume des écoles spéciales
pour la marine marchande, où l'on en-
seignerait par l'exercice plus que par la
théorie l'art du pilote côtier et lamaneur,
la manœuvre du vaisseau, le service des
voiles et cordages, l'arrivage des marchandises, les précautions du sauvetage, et assez
de tactique pour qu'en cas d'accident le
simple matelot puisse pourvoir provisoire-
ment au salut de l'équipage et du chargement.

ARTICLE X.
La Statistique.

Il sera tenu à la direction générale
un tableau répertorial aussi approxima-
tif que possible des quantités de denrées
et marchandises flottantes ou éventuel-
lement destinées à la consommation par
vente tant de l'intérieur que de l'extérieur,

de celles entrées comme de celles sorties dans l'année, même par trimestre, par mois et par semaine, avec indication des points de sortie ou d'introduction, des marchés du dehors à approvisionner, des mesures à garder dans chaque localité pour n'y éprouver ni échec ni entraves.

Un journal d'annonces serait publié par le bureau de ces renseignemens.

ARTICLE XI.

Caisse d'Encouragement.

Enseigner, diriger, avertir le commerce, ce sera sans doute avoir immensément mérité de lui; mais il n'est pas toujours en mesure d'exécuter ce qu'il désire, ce qui lui est prescrit. Ses candidats les plus fervens et les plus habiles sont souvent arrêtés par l'insuffisance de leurs ressources, souvent désarçonnés par des accidens, des pertes imprévues, des retards forcés et inattendus. La plus légère avance les mettrait à flot; le moindre secours les releverait ou les conduirait au terme de liquidation de leurs entreprises.

Rarement d'ailleurs le génie des arts marche précédé des faveurs de Plutus ; souvent même la gloire seule couronne ses succès : le feu sacré s'éteint faute d'aliment plus substantiel ; des récompenses qui le fourniraient serviraient à propos le commerce et les intérêts de la grande famille.

Une caisse de secours et d'encouragement, établie près la direction générale et sous son inspection, calmerait les douleurs trop vives ; elle rehausserait les espérances, réparerait les pertes non méritées, entretiendrait le foyer des arts et l'activité du commerce.

Déjà le principe de cet établissement providentiel est consacré : mais combien il s'en faut que sa générosité soit confirmée par le fait !

Le fonds d'encouragement, qui d'abord avait été porté à trois cent mille francs par année, n'est plus que de soixante mille. Il suffit à peine aux gages des concierges préposés à la garde des archives et des écoles de l'industrie.

Sur quoi encore ce fonds est-il prélevé ?

Sur la masse des taxations annuelles per-
çues pour les brevets d'invention, c'est à
dire sur le produit du plus anticommer
cial des impôts.

Quelle contribution que celle exigée
pour la concession du droit d'être savant,
habile, de servir son pays, de l'enrichir des
créations de machines merveilleuses, de
talens et de procédés productifs, ou de
leur importation !

Une large dotation de la caisse de secours et d'encouragement des arts n'est-
elle pas une dette naturelle de l'état, doté
à son tour par le commerce ?

N'est-elle pas plutôt une prévision intéressée ? une mise bien faible dans une
communauté d'intérêt, d'où procédera un
lucre immense pour lui?

Ne sera-ce pas semer un peu pour recueillir avec usure ?

Les droits réunis,

Les droits de douane,

Ceux du timbre

Et de l'enregistrement

N'attendent pour pulluler que la fécondité du commerce.

Il faut nourrir la poule aux œufs d'or pour mettre la poule au pot.

Toute parcimonie sur cet article serait à la fois une noire ingratitude et une grave inconséquence.

L'état serait un moissonneur avare qui refuserait de détacher d'une riche récolte quelque grains de mil pour en payer les frais.

Il refuserait des alimens au commerce qui le nourrit, au bienfaiteur qui remplit ses coffres.

Il ferait bien plus que d'oublier le devoir de la réciprocité ; il oublierait étrangement ses propres intérêts ; il commettrait un véritable suicide, toutes les branches productives ayant droit à la sève de la tige.

Des encouragemens sont bien donnés çà et là (trop rarement encore) à des talens féconds en gloire, inépuisables en agrémens, mais qui sont nuls en productions substantielles et durables.

A Dieu ne plaise que l'on songe à leur

disputer ces rétributions de la libéralité nationale !

On ne combat ici qu'en faveur des principes de l'économie politique, qui placent à bon droit les talens productifs sur la première ligne, et les recommandent les premiers à la reconnaissance publique.

Une dotation importante pour les arts et pour le commerce figurerait au budget non moins judicieusement, non moins dignement que les autres.

Cette dotation d'ailleurs pourrait être accrue par des droits de retenue qui seraient exercés sur les bénéfices des banques spéciales de Paris et des départemens, et qui seraient stipulés par les titres mêmes de leur création,

Ainsi qu'on le pratique depuis long-temps sur des entreprises théâtrales au profit des hospices.

Par ce moyen le commerce aurait aussi sa caisse des invalides.

L'exemple du royaume des Pays-Bas en matière d'encouragement de tous les arts utiles est sous nos yeux : les fonds de se-

cours pour le commerce y excèdent le dé-
cuple des nôtres, et quelle différence de
position !

Il est bien entendu que la dispensation
de ces secours n'aurait lieu que sur un rapport obligé des compagnies locales et par
délibération de la direction générale.

SECTION III.

Répression des Abus.

Après cette investigation scrupuleuse
des moyens *positifs* d'ouvrir au commerce
de nouveaux débouchés et d'augmenter
les consommations une tâche grande encore devra être remplie par la direction
générale ;

Ce sera d'arriver à l'abolition des causes
négatives ou suspensives des accroissemens
désirés.

Désormais ce ne sont plus de simples
difficultés *de faire*, ce sont des obstacles réputés insurmontables qu'elle doit surmon-
ter. Elle a besoin pour y atteindre de toute
l'énergie de la volonté pour le bien qui

sait l'obtenir par la persévérance de ses efforts et l'évidence de ses motifs; elle a besoin d'y être secondée fortement par la puissance législative, qui peut seule réformer certains abus.

Il va être traité dans la dernière partie de cette dissertation des différentes propositions de modification à la législation actuelle, dans ses diverses parties, (celles fiscales et réglementaires ou de police, entre autres) que l'on croit devoir être faites pour coordonner l'ensemble du système commercial de la France.

Quant à présent ce n'est toujours que de la partie économique du commerce que l'on raisonne ; et dans cet ordre on distingue, pour les améliorations immédiates à opérer, les abus qu'aucune loi n'a consacrés, et qui ne sont que tolérés, ou que la loi a déjà proscrits, mais qui résistent à sa volonté.

Il n'est pas à craindre qu'avec la spécialité de sa mission la direction générale laisse subsister rien de ce qui est en opposition à la loi, puisque sa tâche se réduira à la faire exécuter, ni qu'elle souffre le retour d'aucune des fautes qui ont été commises autrefois puisqu'il lui suffira de la détermination d'empêcher, ni qu'elle se rende complice par faiblesse de ces tolérances qui corrompent et ruinent le commerce, ni qu'elle se taise sur ce que sa plus grande prospérité réclame impérieusement.

Dans une réformation ainsi graduée elle flétrira de suite dans l'opinion publique ces écarts de la cupidité ou de la folie qui vont jusqu'à enfreindre les défenses prononcées en obstruant ou desséchant les canaux de la circulation, en détournant les sources qu'elle réclame pour l'intérêt de la communauté.

ARTICLE PREMIER.

De l'Agiotage par Marchés à Terme.

En première ligne lui apparaîtra l'ennemi le plus terrible du commerce, *l'agiotage*, monstre moderne vomi par la convulsive convoitise des fortunes qu'a improvisées le hasard;

L'agiotage, mot nouveau tiré du système de Law pour en faire détester la mémoire, adapté en 1780 et années suivantes aux spéculations outrées et immorales de certains habitués de la bourse de Paris ; terme de proscription dans le sens des réglemens d'alors, qui réprimèrent l'abus de ces spéculations assisses sur ce qui n'existait pas et ne pouvait pas plus être payé que livré.

Ces réglemens sont encore en vigueur ; les cours royales en font journellement l'application ; mais la contagion, plus forte que l'autorité de la loi et des tribunaux, conserve son intensité ; l'agiotage continue de marcher tête levée. Il est temps que l'autorité publique administrative joigne pour le réduire son action au blâme judiciaire.

Quelques éclaircissemens sur ses manœuvres aideront à la répression.

Il y a bien des nuances dans ce que l'on appelle *opérations de bourse*. En bonne règle on ne devrait y traiter que celles qui ont été l'objet de l'institution des bourses et des professions d'agens de change et de courtiers ; les négociations de papier de commerce, les ventes de marchandises, le commerce des matières d'or et d'argent, celui des assurances et des armemens maritimes, prêts à la grosse aventure, les affrétemens, les actions des compagnies de finance ou de négoce.

Mais dans ces derniers temps sont survenus les emprunts publics, dont les titres émis par coupures au trésor ont été portés à la bourse pour y être vendus comme *effets publics*. Rien de plus légitime ni de plus utile que cette destination donnée au local de la bourse, que ce surcroît de fonctions attribuées aux agens de change pour la négociation des rentes sur l'état et pour la légalisation des transferts.

Sous ce rapport, et jusqu'au placement intégral des obligations d'un emprunt public, jusqu'à ce que la rente soit *casée*, les entremises de la bourse méritent toute protection.

Elles la méritent encore lorsque les premiers acheteurs de la rente casée prennent le parti de la revendre sur la place. Il y a là même utilité d'intervention, parce qu'il y a réalité d'opération et de service.

Au-delà restent des portions d'emprunt achetées , non comme placement, mais par esprit de spéculation, qu'un certain nombre de capitalistes remettent sur le marché dans la vue d'en retirer un prix plus élevé que celui de leur achat primitif. Ces portions sont ce qu'à la bourse on appelle la *dette flottante.*

Nul doute encore que les négociations *effectives* qui s'y font de cette dette flottante, quoiqu'elles ne soient utiles ni en elles-mêmes ni au crédit public, ne puissent être sinon encouragées, du moins encore tolérées, puisqu'elles sont licites; le commerce., quoiqu'il souffre de ce détournement notable des capitaux qu'elles absorbent, n'a pas à s'en plaindre : tout ce qu'il peut faire c'est de chercher à obtenir la préférence des capitalistes en leur offrant de plus grands avantages dans ses produits qu'ils n'en retirent d'une matière improductive de sa nature, vainement tourmentée par des chances de hausse ou de baisse.

Des amis plus ombrageux du commerce

français gémiront encore de voir à la bourse de Paris les capitaux libres se porter sur les obligations des emprunts étrangers ou les rentes étrangères, dont le crédit nous importe peu, plutôt que sur quelque branche de notre industrie nationale qui ajouterait à la richesse du pays. Ils y apercevraient autant de causes de la diminution de notre numéraire circulant et de la stagnation des affaires parmi nous. Ils regretteront qu'une cote publique *autorisée* reproduise sans cesse à l'imagination des spéculateurs français des occasions funestes de servir des intérêts qui ne sont pas indigènes. Quelle que soit la légitimité de leurs doléances, tant que l'administration n'en sera pas touchée, ces opérations exotiques de la bourse devront encore être réputées licites parce qu'elles portent sur des valeurs réelles, négociées par *marchés fermes*.

Mais où commence l'abus vraiment déplorable qualifié avec raison d'*agiotage* c'est à l'apparition sur le marché de cette tourbe de spéculateurs cupides, affamés, qui se précipitent autour du parquet, les uns pour vendre d'innombrables parties de rente qu'ils n'ont pas et qu'ils ne pourront jamais livrer, les autres pour les acheter sans avoir la moindre faculté ni même l'intention d'en payer le prix ; bien plus, sans que les deux agens intermédiaires comptent l'un sur la livraison ni l'autre sur le paiement.

Tout se borne dans la commune disposition de ces agitateurs à créer des séries de fictions d'achats et de ventes de rentes à l'infini. Les agens s'y prêtent en raison de ce que, dans ce tourbillon de chimères, il reste au fond pour eux une réalité, le droit de *courtage*, qu'ils perçoivent sur le brut des valeurs nominales, au tripotage desquelles ils ont prêté leur ministère.

Quant aux effets de cet agiotage ils sont intolérables en ce que tousces paris, sans cesse entassés les uns sur les autres, portant sur des milliards, en un seul mois, obligent les parieurs à débourser à chaque liquidation de fin de mois des différences énormes pour lesquelles ils doivent être parés.

Telle est souvent l'exorbitance des pertes encourues par ces joueurs forcenés qu'il leur est impossible de les supporter. L'agent de change, qui est toujours garant des marchés auxquels il intervient, est forcé de payer à la place du client ruiné. Des secousses violentes en sont la suite ; elles entraînent sa chute ; elles font que le crédite resserre sur la place, que de vives inquiétudes sont inspirées.

Trop heureux encore lorsque ces commotions funestes ne sont causées que par l'infortune réelle et finale des joueurs *perdans*. Il en est plusieurs qui, se réfugiant dans une *insolvabilité volontaire,* laissent en compromis la responsabilité de leur agent de change après avoir reçu de lui de fortes sommes en bénéfices quand ils étaient gagnans, tenant à leurs engagemens pour recevoir, les foulant aux pieds pour se dispenser de rendre ; étrange impudeur qui se retranche derrière la loi positive qu'ils ont violée.

A quel propos tolérer ces transactions immorales qui sous le nom de *marchés à terme,* ou sous la forme mensongère de prétendus *reports,* mettent le néant à la *hausse* ou à la *baisse* pour en extraire par voie de *compensation* ou de liquidation de ces marchés des bonifications pour les uns, le désespoir, la ruine ou l'infamie pour les autres ?

En quoi la grande famille profite-t-elle de ces jeux effrénés et des chances qu'ils amènent bénévolement, quand le sort favorable ou contraire devrait ne s'exercer que sur des valeurs positives ? Loin de la servir ils lui causent d'incalculables dommages.

Son caprice fait naître le besoin de vendre.

Il fait naître aussi le *besoin d'acheter ;* besoin si bizarre quand il s'agit d'objets qui ne sont ni de première nécessité, ni de luxe, ni de fantaisie.

L'audace, l'imposture sont ses précurseurs et ses guides. Il ne craint ni de tromper la foi publique, ni d'ébranler le crédit de la place jusque dans ses fondemens.

De tout temps il a eu ses Cagliostro et ses Langely.

Témoin cet abbé commandataire si fameux qui en 1787, ne pouvant vivre des revenus d'une abbaye et d'un prieuré, imagina de se faire agioteur, et qui porta l'audace jusqu'à se faire assurer par des marchés à terme la livraison de dix mille actions de la compagnie des Indes de plus qu'il n'en avait été créé, afin de tenir à sa merci les derniers de ses imprudens vendeurs, et de leur arracher en indemnités de non livraison de sacrifices révoltans;

Témoin ce Pinet si fameux qui en 1790 pour nourrir son agiotage désordonné porta ses délirantes obligations jusqu'à garantir à ses dupes le doublement, le tiercement même en peu de mois des capitaux qu'ils lui confiaient;

Témoin encore ce personnage qui en 1809 osa faire arriver en pleine bourse un courrier porteur de dépêches de la plus haute importance, et qui à la faveur de cet odieux stratagème induisit ses crédules vendeurs à lui promettre livraison en la personne de son domestique, à un cours insolite, de rentes qu'il savait très bien ne pouvoir jamais lever, mais sur lesquelles il entendait gagner derrière le rideau des *différences* énormissimes.

Tous les jours à la place de ces Erostrate dont l'apparition est heureusement rare il peut se former à la bourse entre les petits porteurs de la *coulisse* des coalitions qui culbutent subitement les prix.

L'action de ces joueurs à la hausse ou à la baisse est exactement celle d'une pompe foulante et aspirante qui presse le vide pour en extraire la fortune de leurs victimes.

Accapareurs subtils *à la baisse*, qu'ils fomentent, ils lâchent la main *à la hausse*, qu'ils font naître par des ruses que la morale repousse et que la loi qualifie de dol. C'est un vent de l'Arabie Pétrée qui ramasse pour eux tout ce qui se trouve sur son passage pour le porter ailleurs qu'en terre sainte.

Et l'état, débiteur de ces rentes dont le type est en jeu, gagne-t-il du moins quelque chose dans tous ces mouvemens de l'agiotage ?

Rien en recette ; car quelque innombrables que soient dans un seul jour les

mutations au grand livre, et quel que soit
le caractère de trafic qu'elles portent, par
une exception que certaines adversités du
commerce réclament en vain les transferts
de rentes sur l'état sont affranchis des droits
proportionnels d'enregistrement et de toute
opposition.

Le trésor ne gagne rien non plus en capital ni en crédit.

Tout au contraire ils entravent sa marche.

La hausse inopinément produite ralen-
tit l'action de l'amortissement de la rente.

La baisse, résultat fréquent de la malveillance, peut retarder ses placemens
d'emprunt.

Singulière perplexité de position pour
le trésor causée par ces oscillations éter-
nelles.

Il reste au milieu d'elles débiteur de la
même rente de cinq francs, dont il sert les
arrérages à ses créanciers avec une religieuse exactitude ;

Débiteur de son capital de cent francs,
immuablement hypothéqué sur la fortune
entière de la France immuablement obligée.

Et des combinaisons équivoques, qu'il ne peut pas toujours maîtriser, exposent son *crédit fondé* à d'intolérables variations.

Sont-ce là des motifs pour que l'engouement se perpétue, et qu'il continue à préférer l'emploi des capitaux sur une valeur improductive à celui que réclament l'agriculture, le commerce, les arts et les manufactures ?

ARTICLE II.

Constatation des Marchés réels.

On ne peut pas quitter ce chapitre des opérations de la bourse sans appeler l'attention de l'autorité sur la manière dont se font les applications, à chaque vente et achat, des cotes successives qui ont lieu dans une même séance du parquet.

Des gens méticuleux que le moindre arbitraire effraie ont observé qu'il n'y avait aucune corrélation nécessaire ni qui fût mathématiquement établie entre chacune de ces cotes variées en peu de minutes et chacun des marchés déclarés conclus à l'un de ces divers cours ; qu'il pouvait se faire

que par erreur de précipitation dans l'an-
notation au carnet de l'agent de change
un cours fût appliqué à la place de celui
auquel l'opération appartiendrait réellement. Ils ont pensé que la considération
justement attachée aux fonctions toutes
confidentielles de l'agent de change ne
pourrait être que mieux affermie par un
mode de constatation d'identité qui mettrait l'application de la cote exacte en hausse
ou en baisse au-dessus de toute controverse.

Un mode qui tranquillise tous les intérêts devient d'autant plus important à
adopter que c'est au sein du tumulte de la
bourse que les cotes sont proclamées.

Il y a bien des additions à faire aux divers réglemens sur les bourses de commerce, qui sont épars et incomplets; il y
a bien des changemens à y introduire,
parce que tout a vieilli depuis leur promulgation; il entre dans le plan de notre
traité de la législation commerciale de
réparer les lacunes et de proposer les
réformes.

ARTICLE III.

De l'Agiotage des Marchandises par Marchés à livrer.

En réprimant l'agiotage sur les effets publics parce qu'il ébranle le crédit et qu'il détourne les capitaux de l'industrie on sera loin encore de lui avoir ôté toute sa malveillance, et d'avoir arrêté tous ses ravages. Il est une autre nature de propriétés commerciales, plus sacrées peut-être, dont il s'est emparé, dans son dévergondange, pour les altérer au risque d'en compromettre la consommation.

De la matière improductive qu'il exploite au parquet l'agiotage est passé témérairement aux marchandises dont le commerce régulier fait trafic, et qui pis est aux denrées mêmes qui servent à la subsistance du peuple. La funeste invention *des marchés à terme* a été suivie de celle des *marchés à livrer.*

On a imaginé d'établir des paris sur le cours des marchandises et denrées tout semblables à ceux hasardés sur les effets publics : assimilation vraiment répréhensible de deux valeurs qui, dans l'ordre de la nécessité, n'ont évidemment entre elles aucune analogie. On ne se nourrit pas matériellement de celle que représente un morceau de papier en forme de titre de créance. L'abandon plus ou moins sage que l'on en fait ne tourne pas immédiatement au désavantage de la consommation ; il ne menace du moins directement l'existence de personne.

Il n'en est pas ainsi du tripotage qui s'empare du cours des marchandises et des denrées pour le livrer à ses cupides combinaisons : il touche à des substances qui ne peuvent pas être détériorées ni dépréciées sans danger. Il expose ce cours à des fluctuations qui attaquent la denrée même, qui l'empêchent de paraître et de circuler : par cela seul il peut frapper de mort des branches productives, et mettre en compromis jusqu'aux moyens de subsistance physique.

Dans ses téméraires excursions l'agiotage n'osa s'en prendre d'abord qu'aux marchandises ordinaires ; il n'attaqua les denrées qu'après le temps imposé à son impatience, et encore fit-il dans ce genre de produits le choix de celles qu'il pouvait accaparer sans trop alarmer le public. Ses fantastiques spéculations se portèrent sur les sels, puis sur certains liquides, comme eaux-de-vie ou esprits 3/6, huiles, etc.

Des marchés à livrer furent souscrits pour des achats en apparence fort considérables de ces denrées, mais dans la réalité à des prix imaginaires et sous la condition toujours entendue entre les contractans que ni l'un ni l'autre ne pourrait se contraindre à l'exécution, que seulement il y aurait réglement d'une différence de cours au profit du gagnant.

Les tiers non initiés dans le secret de ces simulations, les possesseurs des denrées surtout y virent des contrats sérieux et obligatoires dont les gigantesques proportions troublèrent leurs idées et déconcertèrent leurs calculs autant que l'aurait pu faire un accaparement réel. Ceux-ci n'osèrent acheter ; ceux-là n'osèrent vendre : ce qui était sur le point d'être expédié ou livré ne le fut pas ; la denrée *matérielle* resta stationnaire à l'aspect de la denrée *fictive*; le consommateur ne fut pas approvisionné ; il y eut souffrance.

Ainsi l'on a vu les riz, qui entrent pour beaucoup dans la consommation journalière, accaparés par magie et portés à des prix exorbitans dans les lieux de distribution, quoiqu'ils fussent abondans aux lieux de la production.

De sévères prohibitions contre tous *mar chés à livrer* doivent affranchir le commerce du retour de ces fléaux, non moins dévorans que des nuées de sauterelles. Des mesures législatives nouvelles seront proposées dans notre traité.

Autre désappointement pour le négoce de la place de Paris.

ARTICLE IV.

Concurrence d'Adjoints pour les Négociations du Papier.

Par les réglemens de la bourse les négociations du papier, soit de tous effets de commerce, lettres de change, billets à ordre, de ceux surtout fournis de place en place, tant pour le royaume que pour les pays étrangers, sont confiés aux agens de change, qui doivent en estimer la valeur au cours du jour, en d'autres termes, qui doivent *régler* et COTER le *cours du change* tant de la France sur l'étranger que de l'étranger sur la France.

Il est à remarquer que c'est à cet emploi que ces intermédiaires du commerce doivent leur dénomination d'*agens de change;* en sorte qu'il doit être légalement considéré comme leur mission principale.

A Paris néanmoins l'affluence des négociations d'effets publics ou rentes absorbe leur temps et leurs facultés au point que la plupart d'entre eux ne s'occupent nullement du papier de commerce. Les présentations de ce papier à l'acceptation, à l'escompte ou autres dispositions ne se font presque jamais que par des agens sans titre qui ne fournissent aucun cautionnement, et par suite n'offrent au commerce, dont ils sont pourtant les dépositaires, aucune espèce de garantie.

La sûreté du commerce exige que cette

singularité de substitution cesse, et qu'il y ait pour la négociation du papier, pour l'arbitrage et la cote des changes intervention d'un officier public qui ait caractère pour les certifier et toute la consistance désirable pour répondre des valeurs.

Divers expédiens se présentent. Les uns ne peuvent être que l'œuvre de la législation : nous en ferons le sujet de propositions dans notre *Traité sur la Législation commerciale*. Les autres peuvent être saisis par la haute administration toute seule, ou émaner même de la simple police.

Depuis long-temps on parle d'augmenter à Paris le nombre des agens de change : cette mesure, qui peut avoir été différée à cause de l'élévation prodigieuse du prix des charges, ne serait-elle pas utilement remplacée par la création d'un certain nombre d'*adjoints au parquet*, qui ne seraient institués que pour les négociations de papier, fixation et cote du change, qui seraient des espèces de délégués de toute la compagnie de messieurs les agens de change, et qui tiendraient à son profit une bourse commune sans réciprocité ? Leur mission n'exclurait pas la concurrence bénévole des agens de change titulaires dans ces mêmes négociations.

Sur toutes ces opérations d'*entremise* certains économistes du négoce sont d'opinion que l'exercice des fonctions d'agens de change et de courtiers devraient être absolument libre et facultatif pour quiconque voudrait s'y livrer. Ils s'autorisent de l'exemple des pays voisins, qui accordent cette pleine liberté aux agens intermédiaires du commerce.

C'est ici que le danger d'une servile imitation est palpable. Évidemment un système de négociation qui offre des garanties vaut mieux que celui qui n'en présente aucune.

Chez nos voisins d'ailleurs il y a deux correctifs notables à cette admissibilité indéfinie en droit et pour tous au libre exercice du courtage. D'une part il y a patronage publiquement avoué à la bourse par les grandes compagnies ou par les maisons puissantes d'assureurs et d'armateurs en faveur de tels individus honorés de leur clientelle ; d'une autre part on y tient sans miséricorde aux mesures répressives contre les courtiers en cas d'abus. La notoriété de ces rigueurs d'exclusion absolue est là un frein salutaire.

Nous avons d'autres mœurs, d'autres habitudes, plus de facilité à excuser : conservons les sûretés que nos lois nous ont données.

ARTICLE V.

De la Ferme des Jeux et des Loteries.

Deux autres sortes de jeux, ceux de hasard et les loteries, loin de rapporter aucun bénéfice à la communauté, agissent encore incessamment au grand préjudice des branches productives par la double diversion qu'ils opèrent sur le travail et sur les capitaux circulans.

De ces deux déviations de l'ordre social la plus funeste en résultats n'est pas celle qui enlève au commerce une partie de ses valeurs d'échange : la démoralisation des individus est pour lui d'une bien autre conséquence.

Le banquier de jeu qui a formé sa caisse de prévoyance aux dépens de la circulation s'est bien gardé d'en exagérer la provision au-dessus des probabilités de chances qui lui sont si constamment favorables. Sa mise première, quelque forte qu'on la suppose, est bientôt couverte par les flots d'or dont une avide crédulité charge ses nécromantiques tapis.

Bientôt encore ces flots amoncelés devenus bénéfices sont distribués en plusieurs parts, l'une qui acquitte le fermier envers le trésor public de son prix de ferme, les autres qui vont se disséminer entre les mains de ses croupiers; toutes issues qui les rendent bien vite à la circulation.

Même allure pour les espèces qu'une cupidité non moins aveugle dépose au tronc des loteries dans l'espoir toujours déçu de fortunes improvisées. Versées la veille par parcelles détachées, elles rentrent dès le lendemain en masses au trésor dans la caisse des recettes journalières, voisine de celle des dépenses aussi journalières; en sorte qu'en peu d'heures la circulation en est ressaisie.

Mais le vrai dommage que ces décevantes aspirations causent au corps social entier, par conséquent au commerce, est dans le déluge des vices qu'elles font déborder sur eux.

De ces funestes mises en risque s'élancent par torrens toutes les dépravations morales; l'avarice, l'insensibilité, le mensonge, le dol, la soif du bien d'autrui, l'oubli de la nature, des lois et de la religion; d'où les abus de confiance, les escroqueries, les vols de commis, le suicide, les autres crimes enfin qui jettent partout l'épouvante et le désordre.

Dans les classes inférieures la loterie surtout introduit des maux d'un autre genre; l'oisiveté, la répugnance pour le travail, la privation pour l'ouvrier et sa famille des choses nécessaires à la vie, l'exténuation de ses forces, la permanence de la misère, la désertion subite des ateliers par les sujets les plus capables, les encombremens du Mont-de-Piété et bientôt celui des hospices.

Ici le commerce, pour être rédimé de tant de préjudices, n'a que les vœux de la philanthropie. Puissent les économies du trésor et les saintes indignations de la législature le délivrer enfin de deux fléaux qui sans cesse le minent !

ARTICLE VI.

Des Droits Proportionnels perçus sur les Déficits.

Qui ne gémirait en songeant que la légende des plaies du commerce n'est point encore parcourue !

Il en est une *fiscale* que les lois subsistantes et la collocation actuelle des intérêts de l'état ne permettent de sonder qu'avec circonspection et dans l'attente d'une plus judicieuse assiette de l'impôt.

C'est la perception des droits proportionnels de timbre et d'enregistrement étendue jusque sur les mésaventures et les non-valeurs du commerce.

Que l'état, dont les charges sont pesantes, atteigne pour s'en alléger par ses impôts toutes les valeurs dont il assure la conservation et facilite la jouissance ; qu'il aille même jusqu'à imposer ces valeurs avant qu'elles soient confectionnées, avant que le propriétaire en ait disposé, alors qu'elles n'ont encore reçu aucun emploi, aucune destination; qu'il taxe leur création même, leur mouvement, leurs variations, rien de mieux; c'est justice et justice égale pour tous; c'est droit de réciprocité entre l'état protecteur et la propriété protégée.

A Dieu ne plaise que l'on se montre injuste, inconsidéré jusqu'à cet excès de réclamer pour le commerce une exception, une sorte de privilége. Le commerce a ses chances de bénéfices; il est sous ce rapport essentiellement imposable; il doit sa contribution aux frais de lacommunauté; il doit même être le plus fort des contribuables puisqu'il est présumé gagner le plus habituellement.

Mais autant il est équitable de faire contribuer son opulence, son aisance, son équilibre même, autant il est déraison nable et contre toute équité naturelle de tarifer sa misère à l'instar de sa richesse, sans pitié, sans rémission, au taux le plus onéreux du droit proportionnel.

Déjà l'observation en a été faite au sujet du refus de tout encouragement au commerce ; les faux calculs du trésor public à l'égard du commerce délaissé dans tous les cas à ses propres moyens tournent tous au détriment de ses caisses.

Mais si sa seule parcimonie aboutit à le dessécher qu'en sera-t-il des perceptions fausses, impolitiques, nuisibles, auxquelles il ne cesserait pas d'assujettir le commerce ? Ne pas le protéger est de la part de l'état déjà un grand tort : le molester dans ses douleurs par des exigences impitoyables est quelque chose de plus qu'une lourde faute.

Hé bien, ces molestations du commerce le fisc journellement les exerce.

On n'en cite ici que deux exemples entre tant d'autres.

Dans les liquidations de commerce les plus désastreuses qui se font en justice, dans celles des faillites notamment qui se soldent souvent par des contrats d'abandon, le fisc perçoit le droit proportionnel sur la valeur abandonnée aux créanciers sans avoir égard à ce que ceux-ci n'en retirent pas dix pour cent de leurs créances; il perçoit sur les quatre-vingt-dix pour cent de la perte qu'ils éprouvent.

De même dans les successions souvent embarrassées de négocians où l'actif est absorbé par les dettes, où l'héritier est forcé de recourir au bénéfice d'inventaire, et même de renoncer, la main fiscale vient s'appesantir sur l'actif nominal, et absorbe bien au-delà de ce qu'il présente de libre.

Ne pourrait-on pas demander au commerce de remplacer le produit de ces perceptions impolitiques et désastreuses par quelque taxe qu'il supporterait sur quelque branche vraiment productive, par prélèvement sur ses bénéfices réalisés?

Que dire des frais de justice commerciale d'ailleurs si paternelle? Ses ministres ont beau se complaire à soulager le malheur traduit à leur barre, ils ont beau épuiser tous les moyens de lui venir en aide dans sa détresse par des modérations de la dette, par des ajournemens de poursuites, des délais et par d'autres expédiens que la commisération leur suggère ; le fisc est aux aguets pour profiter de ces mesures de la pitié des magistrats ; il n'en tient registre qu'à des taux de taxation qui effacent le bienfait.

Communément les droits perçus sur les débiteurs malaisés par le greffe et par les huissiers tiercent la dette.

Dans le nombre des propositions nouvelles de notre traité se classeront celles qui tendent à changer législativement tout ce chapitre des poursuites, et à y substituer un système plus compatible avec les droits du commerce malheureux.

ARTICLE VII.

De l'Usure.

Autre calamité : l'*usure*.

Cette lèpre morale, pendant de celle du règne animal, fille aussi de l'impureté, ne s'attache aux parties languissantes du commerce que pour les asservir et les dévorer.

Inoculée à l'Europe par un peuple errant qui s'en nourrit, elle résiste comme elle à tous les efforts de la civilisation.

On la dénonce ici seulement pour prendre acte de la nécessité de son extirpation ; on signale seulement ses ravages : ailleurs seront discutées les opinions qui lui accordent quelque tolérance, et présentées des modifications les unes atténuantes, les autres aggravantes pour le droit qui règle cette matière de l'usure.

Sans sortir du *fait* il est une vérité que l'expérience de tous les jours confirme, dans nos départemens surtout, où les abus d'individu à individu sont plus aisément remarqués ; c'est que l'usure, en plusieurs lieux, attaque et énerve cruellement les facultés vitales du commerce par ses taux et ses accumulations d'intérêts.

Réprouvée par la loi divine, condamnée par les lois civiles et même correctionnelles, l'usure n'en est pas moins opiniâtrément entichée de ses iniques maximes et inexorablement acharnée à sa proie.

Si le plus souvent elle opère dans l'ombre et par des détours fallacieux, si elle cherche le plus souvent à échapper à la censure en rompant les fils de ses manœuvres, il est des localités où elle se montre avec plus de hardiesse, plus de suite et plus d'insouciance sur l'action publique répressive.

Dans les départemens dont se compose l'ancienne Alsace, par exemple, l'usure est implantée avec tant de racines qu'elle y est en quelque sorte indestructible. Tout ce pays, fleuron si riche ajouté par le grand roi à sa brillante couronne, languit tout décharné sous ses griffes meurtrières.

Là il n'est pour ainsi dire pas une commune qui ne soit le théâtre de ses rapines, pas une propriété rurale que son souffle ne dessèche. Tristement attaché à la glèbe, le colon ne la cultive que pour servir des intérêts usuraires sans rien diminuer de sa dette. Trop heureux si, versant ses sueurs dans ce champ de désolation, il n'y creuse pas peu à peu son tombeau par des déficits annuels ; que s'il y survit, exproprié par son implacable créancier, chassé de ses foyers, errant et sans ressource, il se voit condamné à traîner au hasard les restes de sa déplorable existence.

Entreprend-il de briser ses chaînes par la voie du recours aux tribunaux, la loi purement civile ne lui offre que le périlleux secours des preuves testimoniales à faire par le témoignage de ses compagnons d'infortune. Ceux-ci, comprimés par la terreur des représailles, n'osent charger le commun oppresseur.

Des coalitions s'établissent entre les nombreux artisans de l'usure ; ils fomentent contre les réclamans des nuages de préventions en déclamant de concert contre la mauvaise foi des débiteurs indociles au joug.

En dernière analyse les victimes succombent, l'usure demeure impunie.

Quelques amendes infligées çà et là contre des prêteurs à usure pris isolément ne produisent d'autre effet que d'avertir les coupables d'ajouter encore aux précautions évasives.

Bref les prêts à gros intérêts se répètent chaque jour, et aggravent les souffrances du commerce.

Toutefois dans les doléances que nous exprimons on ne doit pas voir le procès fait indéfiniment à toutes les stipulations ou concessions faites par les débiteurs en accessoires du capital négocié au-dessus du taux légal. Tout excédant n'est pas usuraire : il y a dans une multitude de conventions une part faite aux risques à courir. C'est en l'absence de tout risque, lors par exemple qu'il y a nantissement, sûreté donnée au créancier par hypothèque ou autrement, que l'exagération du taux de la loi prend le caractère d'usure.

On commettrait des méprises qui bientôt feraient subir au commerce de grandes lésions si l'on taxait d'usuraire, en matière d'escompte, toute appréciation dépassant l'intérêt légal qui porterait sur le plus ou le moins de solvabilité des débiteurs ; on s'exposerait à servir ou des jalousies contre la classe aisée qui avance ses capitaux, ou des vengeances particulières, et l'on retomberait dans un cercle vicieux en nuisant à la circulation que l'on croirait seconder.

Tel a été naguère, dans une ville voisine de la capitale, l'effet du jugement qui a condamné un financier comme coupable d'usure pour avoir prêté à un bourgeois, sur des billets à ordre, à l'intérêt de six pour cent, taux du commerce, au lieu de cinq pour cent, taux du prêt civil : les capitaux ont disparu de cette place.

De sages instructions, circulairement adressées au ministère public, suffiront pour lui faire saisir toutes ces nuances, et pour empêcher le dommage des rigueurs excessives.

ARTICLE VIII.

Répression des Barbaresques.

Encore une lésion bien affligeante pour le commerce : la piraterie des puissances barbaresques.

Non loin de l'Europe, et sur une ligne fort étendue de la Méditerranée, règnent les côtes dites de *Barbarie*, surnom bien justifié par la sauvage férocité de ses habitans ; contrée extrêmement fertile, rendue inaccessible à toute civilisation par leurs mœurs grossières plus que par les chaînes de rochers qui la bordent.

Ne connaissant aucun droit des gens, ne

respectant aucune puissance, ces hordes, qui ne vivent que de pillage, se tiennent dans un état constant d'agression et d'hostilité contre tous les pavillons qui sillonnent paisiblement les flots de cette mer. Ils les attaquent à brûle-pourpoint, sans autre manifeste que leurs cris d'*amener*. Ils font impitoyablement main basse sur les personnes, qu'ils traînent en esclavage, et sur les propriétés spoliées, qu'ils se distribuent à la curée.

Sous prétexte de servir la cause du prophète, qu'ils font tourner à leur profit, ces misérables, ramassés de tous les bagnes orientaux, se lancent avec furie sur les chrétiens : sourds à tout autre sentiment qu'à la soif de l'or, ils vendent leurs prisonniers ; la faiblesse du sexe, les cruelles angoisses des captives ne les touchent nullement ; ils les dévouent de sang-froid aux horreurs de l'exposition sur le marché et de la réclusion dans les harems.

Tenant tête depuis des siècles à toute l'Europe chrétienne, ils ont été quelquefois punis, jamais soumis.

Étrange tolérance des potentats légitimes, qui, pour ne pas déployer une bonne fois toutes leurs forces navales contre des brigands indomptés, mais non pas indomptables, laissent leurs sujets en butte aux attentats successifs du brigandage.

Ils aiment mieux entrer privativement en composition avec des pirates enrégimentés sous des deys plus qu'amovibles, dont la tête tombe à la volonté de leur tourbe ameutée. Ils en reçoivent des diplômes portant sauvegarde pour les navires de leurs pavillons ; et à l'appui des *permis de naviguer* légitimes, chacun de leur bâtiment doit être porteur de son *passeport barbaresque.*

Quelles que fussent les garanties obtenues de ces forbans, jamais le commerce de la Méditerranée n'eût été praticable si une milice héroïque, formée de nobles chevaliers, constituée en ordre souverain, éprise d'une sainte ardeur pour la défense de la foi, n'eût entretenu en permanence une marine militaire uniquement occupée à donner la chasse aux armemens d'Alger, de Tunis et de Tripoli.

Obéissant au principe d'un dévouement à la fois religieux et social, les escadres de Malte s'imposèrent le devoir d'escorter indistinctement sur ces mers tous les navires marchands de la chrétienté, de combattre pour eux les ennemis du Christ et du commerce, vengeant en toutes rencontres les outrages faits à l'étendard de la croix et aux pavillons des puissances européennes.

Institution sublime autant que secourable, recrutée pendant nombre de siècles des dignes rejetons des plus illustres familles de tous les états chrétiens; ligue sainte, offensive et défensive, n'admettant d'autorité au-dessus d'elle que celle de son grand-maître; pépinière éternelle de héros et de grands hommes d'état, exercés à combattre et à se gouverner eux-mêmes; alliance fédérale qu'il eût fallu maintenir à jamais pour fixer entre les nations ainsi représentées à Malte d'inviolables rapports de bonne amitié et de mutuelle assistance, au lieu de ces divergences d'intérêt qui enfantent les guerres si désastreuses pour le commerce.

Malte est tombée au pouvoir de l'homme qui avait déjà préparé la France à se confier ses destinées. Il négligea après l'avoir occupée de la mettre à l'abri d'un coup de main. Malte reçut une garnison anglaise, et la perte de l'ordre qui en était le souverain fut jurée dans l'intérêt du moins de ces insulaires.

Ses admirateurs et ses protégés reprirent quelque lueur d'espoir sur son rétablissement lors de la paix d'Amiens, bien plus fermement lors du traité de Vienne, en 1815, qui restaurait toutes les légitimités. L'ordre de Saint-Jean de Jérusalem avait eu la sienne, et elle n'était pas équivoque. L'honneur, au temps des croisades, avait été son berceau ; quatre siècles de glorieux exploits l'avaient consacrée.

Ce fut pourtant de toutes les anciennes légitimités la seule qui ne fut pas restaurée.

En vain le commerce reconnaissant du midi éleva-t-il plus d'une fois la voix pour appeler à grands cris la résurrection de ses nobles défenseurs ; l'Europe a été sourde à toutes les supplications, quoiqu'une sainte alliance s'y soit organisée dont les chevaliers de Malte eussent été les délégués naturels contre la piraterie barbaresque.

Cet ordre de chevalerie manquant à la noblesse, dont il rehaussait l'illustration, manquant au commerce, dont il était le ferme appui, c'est une autre gendarmerie maritime qu'il faut lui substituer pour le repos des mers et la sécurité de tous.

ARTICLE IX.

Mœurs publiques.

Ce que l'on considère ici comme élémens encore précieux à soigner ce sont les mœurs des peuples qui ont fondé le commerce; ce sont elles qui le consolident ou le détruisent.

Elles en règlent pour chacun d'eux l'étendue relative.

Le commerce d'une nation grandit dans la proportion des rapports dans lesquels il entre avec les autres nations, du génie qui les établit;

Des soins et de l'intérêt qu'il sait y attacher;

Des profits qu'il en retire.

Le monde civilisé offre un exemple bien frappant de cette vérité.

Les musulmans, dont le culte est si répandu, les possessions si vastes, tous ces peuples d'Asie qui occupent une si grande portion de la terre, quoiqu'ils soient organisés en corps de nation, sont demeurés tout à fait étrangers au commerce, parce que leur religion superstitieuse les sépare des autres hommes,

Tandis que le christianisme, par l'ineffable bienfait du précepte d'amour qu'il donne à tous les hommes, les a tout naturellement portés à communiquer entre eux, à s'entr'aider, et par conséquent au commerce.

Par *mœurs publiques*, génératrices du commerce, ou qui propagent celui *fondé*, il faut entendre essentiellement,

1° Le génie qui conçoit les grandes entreprises;

2° Le caractère de chaque peuple, qui le porte plus ou moins à se produire au dehors;

3° L'esprit national, qui anime chacun des membres d'une même domination en faveur de la mère-patrie;

4° L'esprit d'ordre, qui est le grand conservateur de tous les produits ;

5° Pardessus tout le prix qu'on y attache à l'estime, soit à l'*amour de la considération.*

Il faut entendre encore essentiellement le système de chaque gouvernement ;

Le plus ou le moins de protection qu'il accorde aux institutions et aux opérations du négoce ;

Les lois qu'il promulgue pour le garantir ou pour le grever.

Mœurs publiques. Ce mot exprime encore plus spécialement

La loyauté, la bonne foi que l'on doit observer dans toutes les transactions commerciales ;

Le scrupule que l'on doit mettre dans les qualités ou le choix des objets négociés ;

La fidélité, esclave de la parole une fois donnée ;

L'activité, l'exactitude dans l'exécution des ordres reçus ;

La ponctualité dans les paiemens.

Mœurs publiques, en spécialisant chacune

des positions de la société, signifie le goût inné d'un peuple, les habitudes contractées, les relations formées.

De ces manières d'exister il en est qui sont peu susceptibles d'être changées, les relations du commerce extérieur par exemple, parce qu'il faudrait amener les autres peuples à adopter les changemens.

Quant aux habitudes de l'intérieur d'un pays, à bien dire les *mœurs domestiques*, elles sont plus ou moins réformables; il en est auxquelles on ne pourrait pas toucher sans déranger tout le système économique.

En général les habitudes formées sont un joug imposé par les précédens à la génération actuelle; il faut qu'elle en subisse la nécessité, ou qu'elle renonce aux avantages que le commerce en fait résulter : ceci s'applique singulièrement aux consommations d'objets de luxe ou de sensualité.

Si les habitudes subsistantes dans un pays cessent un moment d'être entretenues par son commerce tout aussitôt agit celui des étrangers qui s'empare de la branche délaissée, et remplit la lacune. Comme la nature le commerce a horreur du vide.

Enfin dans les mœurs publiques, dont le commerce doit faire son étude, il doit comprendre les capacités de faire, le goût naturel à certains peuples, l'intelligence, la dextérité.

Aucune de ces observations n'échappera aux méditations les plus profondes de la direction générale du commerce en France; elle travaillera de longue main à éviter soigneusement tout ce qui pourrait ralentir ou entraver sa marche, diminuer l'empire de certains préjugés, elle saura inspirer de l'estime pour tout ce qui est utile, et le sentiment de tous les devoirs.

Comme moyen de faire tourner les *mœurs publiques* au profit du commerce, elle adoptera sans doute les suivans :

1° L'accueil dû aux étrangers ; les droits de l'hospitalité dont ils sont déjà en possession, et qu'il est possible d'améliorer. L'auteur, dans le traité qu'il projette, indiquera concernant les étrangers, leur résidence, leurs acquisitions dans le royaume, les successions qu'ils y laissent, les engagemens qu'ils y contractent, les discussions qu'ils y subissent, celles des dispositions qu'il croit convenable de modifier.

A s'en tenir ici à ce qui est du premier accueil, aux bons procédés, aux *attentions* même, ne pourrait-on pas répéter sur les principales entrées dans le royaume le trait de prévoyance de l'ancien gouvernement, qui en 1787 avait été jusqu'à faire un prêt important à un hôtellier de Calais pour le mettre en état de rassembler dans son hôtellerie tous les agrémens qui pouvaient donner aux Anglais l'avant-goût de ceux de l'intérieur.

Des hôtels de réception, accrédités par les faveurs du gouvernement dans les principales villes frontières, auraient pour l'étranger le double attrait de toutes les convenances et de l'affranchissement de ces contributions excessives levées dès le début sur leur curiosité; ils y recevraient même des indications rassurantes contre les exigences qu'ils seraient dans le cas d'éprouver en poursuivant leur voyage dans l'intérieur.

Dans les marchés conclus avec les étrangers la qualité des livraisons devrait être constamment indisputable; il y va de la réputation de nos fabriques et de l'honneur national. Une vérification de prudhommes pourrait précéder dans les fabriques et dans les ports les expéditions importantes de marchandises fabriquées. Ainsi serait mise à l'abri l'espèce de solidarité qui au-dehors pèse sur le commerce français.

2° Dans la classification des services rendus à la société la priorité pour les distinctions et les récompenses devrait être toujours accordée aux producteurs. Ce serait sur eux d'abord que le gouvernement et les diverses autorités devraient faire reposer les témoignages de leur confiance et de leur estime dans toutes les occasions où l'intérêt public doit être stipulé ou représenté; comme dans les commissions, les messages, les expertises, les inspections, les arbitrages extrajudiciaires ou confidentiels, les fonctions bienveillantes, les mesures d'exécution gracieuses.

ARTICLE X.

Mœurs à rendre au Commerce. Esprit d'Association.

Toutes les classes de la société seraient stimulées à la fois pour diriger leurs affections, leurs préférences vers tout ce qui est éminemment utile ; les arts productifs, les exploitations en grand, les ouvertures de canaux, les manufactures fécondes en produits industriels à exporter, le haut commerce en général, le négoce avec toute la consistance du crédit.

Tant de grandes fortunes qui ont été déjà signalées plus haut ont été faites sous l'ancien régime et depuis la révolution par des hommes distingués qui se sont livrés à ces opérations productives, tant d'illustration et d'éclat en a rejailli sur leurs familles et sur leur postérité, que l'on peut, en rappelant à propos ces phénomènes, donner pour eux le ressort le plus puissant à l'opinion publique, et triompher de toutes les préoccupations.

L'esprit d'association, ce levier si puissant pour le commerce, serait sans cesse inspiré d'en haut à toutes ces âmes élevées qui sont capables de grandes choses. Il ferait renaître pour les grandes usines, pour les canaux, pour les exportations et les importations en grand ces compagnies d'autrefois, vraies souveraines dans le cercle de leur industrie, mais toujours en concurrence avec le commerce particulier, qui doit rester constamment libre et indépendant.

ARTICLE XI.

Jury d'Admission à la Mutualité.

S'il est, dans le nombre des pertes causées par la révolution, un patrimoine ancien à regretter c'est celui qui s'acquérait dans les divers ordres de la société sous le titre de *considération*. N'est-il pas possible de recréer ce magique domaine en faveur du commerce en établissant, pour ses diverses professions, une espèce de *jury d'examen* et d'admission qui remplacerait les jurandes d'autrefois sans en avoir l'arbitraire ni le privilége exclusif?

Il serait facultatif à tous ceux qui se croiraient assez forts de leur propre consistance de ne pas se soumettre à ce jury d'épreuve ; mais alors ils ne participeraient pas au bénéfice de la mutualité pour les crédits à ouvrir par les banques spéciales ; les signatures de ces indépendans ne seraient pas reçues en garantie solidaire des escomptes, et ils ne pourraient être admis après coup qu'à la charge d'une prime supérieure au montant des souscriptions primitives.

On ne classerait nulle part ces opulences décriées dont le contact, quoique magnifique, est loin d'ajouter au crédit de ceux qui en sont réduits à les implorer ; elles ne pourraient par leurs prêts de signatures donner du relief au papier d'autrui quand tous les millions qu'elles possèdent ne font pas que l'on ait assez de confiance pour rechercher leur propre papier.

Hors des affaires et dans le monde ébloui ces opulences accusées n'obtiennent encore par l'étalage de leur luxe et la pompe de leurs fêtes que trop de cette affluence dont ils se contentent, quoiqu'elle n'exprime d'autre hommage que celui de la curiosité ou de la dissipation. On oublie trop encore en ce siècle que c'était dans un temps d'ignorance et dans le désert que les Hébreux adoraient le veau d'or.

ARTICLE XII.

Distinctions et Récompenses.

On rétablirait, en l'honneur des arts et des professions les plus importantes du commerce la spécialité de distinction qui avait été si judicieusement introduite par l'ordre dit *de Mérite* ou de Saint-Michel. La décoration en serait exclusivement réservée aux artistes et commerçans qui auraient perfectionné quelque industrie ou notablement ajouté à l'importance des exportations, ou jeté quelque éclat sur le genre de négoce qu'ils auraient exercé. Les consuls près l'étranger seraient pris parmi eux.

Pour les classes inférieures de l'industrie, pour les simples ouvriers ou les marins subalternes, des gratifications seraient accordées annuellement à ceux qui auraient fait preuve de plus d'habileté dans leurs travaux mécaniques ou dans les manœuvres à bord des navires. Une liste de leurs noms serait publiée dans leurs départemens respectifs.

On accorderait des immunités, des dégrèvemens aux enfans de maîtres qui succéderaient à l'état de leurs pères, aux jeunes gens qui resteraient attachés au foyer paternel. De plus ils feraient partie des conseils de prud'hommes, où ils seraient toujours dans leurs classes appelés par ordre d'ancienneté et par préférence aux nouveaux domiciliés et aux déserteurs du pays natal. Les dispenses du service militaire, dans les cas prévus par la loi, seraient subordonnées à la condition de la résidence non interrompue aux lieux de la naissance.

Il y aurait pour chaque département et au chef-lieu une exposition annuelle des produits de son industrie, etc.

Nous nous sommes laissé entraîner un peu loin sur cette partie *économique* de notre dissertation. Notre excuse est dans la gravité des maux qui désolent le commerce de notre patrie, dans le vif désir auquel nul Français ne peut résister de les voir cesser au plus tôt en implorant de la haute administration (dont en ce moment la sagesse et les lumières comme les généreuses intentions sont si rassurantes) des mesures promptes et efficaces qui tirent le commerce de la crise actuelle; ensuite une élaboration plus lente aurait lieu pour des dispositions qui mettraient son avenir à couvert de nouvelles fluctuations.

Dans notre entraînement nous avons présenté çà et là des vues diverses qu'il appartient surtout aux dépositaires du pouvoir d'apprécier, et dont nous désirons que des économistes plus exercés examinent et discutent la valeur.

En ce moment tous les conseils de l'état sont assemblés et déjà bien imbus des doléances de notre commerce. A leur première demande les chambres actuellement réunies peuvent entendre et décréter toute proposition de lois que la nature des remèdes indiqués rendrait nécessaires.

Ce qui *est à faire* en législation, soit comme réforme d'abus, soit comme concentration des parties éparses de la loi subsistante, soit enfin comme disposition toute nouvelle, se trouve déjà classé par nos indications *économiques*, et va l'être de suite plus amplement dans notre troisième division, où notre expérience et des données plus positives nous laissent plus d'espoir de rencontrer juste.

Ce qui *est à faire* en économie dite *politique* dans le sens le plus digne est assez recommandé à l'auguste puissance, qui seule, avec ses affections paternelles pour ses peuples, décide de nos relations extérieures; qui, entrevoyant le mieux ce qui est possible, n'accorde de toutes nos utopies que ce qu'elles offrent d'exécutable. Nos indications ont porté sur les déchiremens de l'Amérique du sud, produits par le choc des opinions sur la part que l'Europe dans l'intérêt de son avenir doit prendre dans une intervention forte et sage à combiner avec l'Espagne, puissance sinon regrettée, au moins restée le seul point de ralliement légitime aux yeux de la multitude égarée; enfin nous avons indiqué le grand acte de protectorat métropolitain qui pourrait balancer pour l'Europe les désavantages immenses de l'extrême infériorité de ses terres productives; toutes ces insinuations, qui ne sont peut-être que des rêves de l'optimisme, auront du moins le mérite d'un modeste avertissement.

Ce qui *est à faire* par l'administration agissant dans l'intérieur est d'y régler de sa propre autorité tout ce qui tient aux mœurs du pays, à l'amélioration du sort des propriétaires et des consommateurs, de redresser les actes de la fiscalité oppressive du commerce, les effets de l'organisation actuelle des différentes branches de cette institution, de rétablir enfin ce que l'on pourrait leur restituer de l'ancienne hiérarchie commerciale; (les abus des jurandes demeurant dans tous les cas et à toujours abolis) tout cela remis désormais sous ses yeux, elle peut, soit dans des réglemens de haute police, soit au besoin par des propositions de lois, le mettre à exécution, et ainsi marcher vers le terme d'une vraie régénération du commerce. Ce qu'elle aura replacé d'elle-même de ces anciennes doctrines, ce qu'elle aura adopté de mesures nouvelles, et ce qu'elle aura fait régler par l'autorité législative viendra se fondre plus tard dans le vaste recueil de la législation et de la jurisprudence du commerce, dont il nous reste à présenter ici une rapide esquisse comme prolégomène de notre traité général sur cette matière.

TROISIÈME PARTIE,

LÉGISLATIVE ET DE JURISPRUDENCE.

§ Ier.

Objet de cette Dissertation.

Notre objet ne peut pas être de traiter dans une simple dissertation, de la doctrine commerciale en elle-même ; d'en asseoir les principes ; d'en établir tout le système, encore moins de discuter ce qui déjà sur cette matière est sanctionné par des lois positives, ni de démontrer dès à présent par la force des argumentations la nécessité d'ajouter à ce qui existe ou d'y rien changer.

Ce sont, comme sur toutes les parties de l'institution du commerce déjà parcourues, des indications premières que nous entendons donner ici sur le droit commercial en général avant d'en venir à l'histoire de sa législation et surtout de sa juridiction, puis à notre traité élémentaire et raisonné.

Le mérite des théories diverses, leur conversion en lois positives, l'application qui en est faite, tout cela forme l'abondante matière des deux grands codes du commerce de terre et de celui maritime, des recueils de leur jurisprudence et du rapprochement des lois étrangères.

Indiquer les sources de ce droit, signaler ses nuances, désigner ses principaux caractères, en faire entrevoir les améliorations possibles, est une entreprise qui seule comporte déjà quelque étendue.

§ II.

Importance de l'Étude des Lois commerciales.

De tous les guides offerts au commerçant le droit commercial est le plus nécessaire, le plus noble et le plus précieux. La loi écrite est la morale qui doit régler tous les actes de sa profession; elle en est la plus solide garantie; elle lui fait connaître quels sont ses droits, quels sont ses devoirs, elle le prémunit contre les plus graves dangers qu'il peut courir pour sa personne et pour ses propriétés ; du côté des gouvernemens, s'il les offense, ou s'il viole leurs décrets, même sans le savoir; du côté des particuliers, s'il leur cause quelque dommage, ou si ce sont eux qui élèvent contre lui des prétentions injustes.

Avant tout et dès son entrée dans la carrière du commerce il ne doit rien ignorer de la législation qui va protéger ses entreprises, les autoriser ou les réprimer, et en gouverner tous les actes. La science du droit commercial est son *palladium* : sans elle tous ses intérêts, en un seul jour, en un seul instant, peuvent être compromis, et sa ruine consommée.

De ces hautes régions du droit ou de l'empire des lois du commerce découlent les principes régulateurs de sa vie active, de ses calculs, de ses obligations : là où est écrite l'*injonction*, est écrite aussi la défense de *faire*, conséquences du précepte *suum cuique tribuere*.

Toutes les conditions du négoce indistinctinctement étant régies par l'autorité des lois, l'œuvre législative doit être pour elles largement dessinée. Chacune y saisira les généralités ; chacune y choisira les spécialités.

Déjà des indicateurs nombreux ont été placés çà et là dans divers passages de notre dissertation : ils doivent tous être ralliés à un point central.

§ III.

Système de cette Législation.

De grandes difficultés se présentent pour la composition même de ce vaste tableau : elles ressortent des différences de domination qui arrêtent rarement la marche du commerce. Aucune conformité n'existe entre les lois des différens pays qu'il parcourt. Il en est peu où elles soient lumineusement recueillies. L'Angleterre, qui le croirait! l'Angleterre même et les Etats-Unis à sa suite ne possèdent guère pour documens législatifs que des décisions qu'ils appellent *des précédens*, dont l'esprit de controverse s'empare trop souvent pour compliquer les discussions.

Dans ce dédale les principaux fils conducteurs sont pour le commerce les maximes du *droit naturel*, qui impose à tous les hommes les devoirs de la bienveillance et de la réciprocité;

Le droit des Gens, qui consacre la liberté de tout commerce licite, la validité de tous contrats d'achats et ventes, de louage, d'entreprise, et en général de toutes obligations légalement formées.

Les traités d'alliance et de commerce que chaque nation commerçante qui veut prospérer ne manque pas de conclure avec les autres états, et qui lui assurent le plein exercice de son industrie, l'inviolabilité de ses possessions, celle de ses passagers, son droit de pavillon, etc.

Voilà les premières sources où se puisera la science du droit commercial : c'est la doctrine professée par les Grotius, Puffendorf, Barbeyrac, Watel et autres.

Vient ensuite *le droit civil*, soit le système général de la législation que chaque peuple s'est faite en particulier, pour être suivie dans les limites de son propre territoire; législation composée de règles qui servent à la sûreté ou tournent à l'avantage de chacun de ses membres, telles que celles relatives à la forme des conventions, à l'authenticité des titres, à leur exécution, à la qualité des preuves, à la capacité des personnes, à la liberté du consentement, à la réalité des causes d'obligations, aux liens de droit, etc. etc.

Ce sont là les secondes sources du *droit commercial*; mais il les purifie (s'il est permis de s'exprimer ainsi) par certaines exceptions qui lui assignent un caractère à part.

Tantôt il repousse les rigueurs et les subtilités du droit ordinaire, en matière de preuves par exemple, ou bien quand il s'agit de raisons de décider plus souvent prises du *for intérieur;* tantôt il ajoute aux dispositions du droit civil, comme en matière de solidarité, de prescription, résiliation, revendication, etc.

Toutes ces dérogations, qui au premier abord paraissent singulières, ont été introduites en raison de la nature plus simple des besoins et des intérêts du commerce.

Ce qui doit essentiellement prédominer dans les lois de son institution

C'est la *bonne foi* sous l'emblème des *deux mains croisées ;*

C'est l'équité naturelle, sous celui de la *balance ;*

C'est le droit des gens sous celui d'un *pavillon ;*

Ce sont les usages anciens rajeunis par les traditions sous celui de Janus.

Voilà les vrais élémens de toutes les transactions commerciales, le fond du *droit exceptionnel ;* fusion admirable des maximes les plus sociales.

§ IV.

Principes fondés par l'Ordonnance de 1673.

Un second caractère, celui de *l'utilité spéciale*, est imprimé au droit commercial par la hardiesse et la fécondité des conceptions du négoce.

Elles ont créé pour les besoins de la circulation des droits exorbitans pris hors le droit commun, des sortes de priviléges d'action et de disposition dont l'exercice, loin d'être contesté, prévaut comme nécessaire.

Entre plusieurs *les lettres de change,* dont l'ingénieuse combinaison a mérité les hommages que l'on rend aux *arts :* titre magique de multiplication, de mobilisation, de transport et de conservation des valeurs.

Le contrat de *consignation* des marchandises, dont les immunités aident si puissamment à la continuité des fabrications en procurant au fabricant les avantages de la vente effective de ses produits.

Les mêmes conceptions ont fait des sociétés commerciales une classification et des définitions toutes neuves qui ont environné chacune d'elles des garanties les plus imperturbables.

Les contrats d'*achats et ventes,* de prêt à *intérêt,* de *nantissement,* ceux de *mandat* et de *dépôt,* les *actions résolutoires, revendicatoires* ou *en privilége* ont reçu, dans leur substance et dans leur forme, des appropriations qui constituent un droit tout nouveau.

Des sûretés ont été données à la foi publique par les rigueurs de *la contrainte par corps*.

L'organisation donnée aux *faillites* et *banqueroutes* a prévu pour les créanciers les inconvéniens et corrigé les abus de la déconfiture de leurs débiteurs laissés à eux-mêmes ou exposés au ravage de poursuites isolées ; elle a veillé à la conservation du gage commun et à la répression des délits du failli.

Enfin une juridiction particulière, simple, patriarcale, appelée à juger *ex æquo et bono*, comme sous l'ormeau, composée de commerçans probes doués d'un sens droit et d'une expérience pratique, a été instituée pour le commerce français, et a soustrait ses destinées aux molestations judiciaires.

Tels furent les bienfaits de la sage ordonnance de 1673, dont les statuts sont restés la plupart immuables sous la main des réformateurs.

§ V.

*Autres Principes fondés par l'Ordonnance de la
Marine de 1681.*

Ils étaient grands sans doute ces bienfaits; mais les forces acquises au-dehors
au-delà des mers par le commerce français
exigeaient encore qu'une autre législation
spéciale lui fût donnée.

Ses opérations maritimes, à partir de la
construction des navires jusques et y compris leur retour dans les ports de départ,
avaient engendré une foule d'embarras et
de difficultés qui nécessitaient un réglement nautique substitué à l'insuffisant emprunt des *us et coutumes de la mer.*

Une nouvelle spécialité de règles et de
maximes dut être ajoutée à toutes celles du
droit commun du commerce, et mise comme
lui en harmonie avec la loi civile pour tout
ce qui n'exigeait aucune exception.

Un ordre fut réglé pour les priviléges
des ouvriers constructeurs de navires et
pour les diverses fournitures à leur armement,

Pour l'engagement et le service des matelots,

Les obligations du capitaine,

Pour le pilotage et les autres parties du service dans les ports ou à quais.

Des principes furent arrêtés pour la validité de tous les contrats qui pouvaient se former au sujet du chargement des navires, de leurs voyages, du transport ou fret des marchandises de cargaison, des risques de mer ou politiques, des avances faites à l'équipage ou à la cargaison, par contrats de prêts à la grosse aventure, des jets à la mer, des sauvetages, réglemens d'avaries, etc.

Des méditations profondes firent éclore par-dessus tout le beau contrat d'assurance, qui commande à jamais l'admiration des siècles et l'éternelle gratitude du commerce : réparateur sur-humain de toutes les fureurs des flots, de la voracité des gouffres, des afflictions où plonge le néant.

Telle fut la tâche bienfaisante, remplie par l'ordonnance de la marine de 1681, non moins célèbre que celle de 1673.

Nombre de réglemens auxiliaires étaient venus à la suite de ces deux législations de terre et de mer régler les cas imprévus.

Aucun des pouvoirs fondateurs de la révolution n'avait osé entreprendre la refonte de ces deux lois immortelles, plus fermes que l'airain qu'ils n'ont pas toujours respecté.

§ VI.

Du nouveau Code de Commerce et de son Complément.

A l'époque où apparut cet homme devant lequel fléchissaient toutes les volontés, des jurisconsultes habiles, accourus à sa voix de toutes les parties de la France, reprenant l'œuvre immense de la législation civile, de celle des procédures, de celle criminelle et pénale, en firent une réduction qu'estimeront long-temps les juges de tout ce qui est beau, sage, utile, et les amis de l'humanité.

Ils ne furent pas aussi heureux dans leur recomposition du Code de commerce, quoiqu'assurément ils y aient introduit un ordre

statutaire et un grand nombre de dispositions plus parfaites, notamment sur les sociétés, les lettres de change, les arbitrages
forcés, les faillites et les banqueroutes, et
sur la compétence; mais ils y laissèrent subsister de grandes lacunes : la lassitude semble y avoir commis les graves omissions de
la refonte des lois éparses sur la contrainte
par corps, l'arrestation provisoire des étrangers débiteurs en France, les brevets d'invention, le régime et les marques de fabrique, les poids et mesures, les douanes,
les propriétés d'auteurs, les intérêts et taux
d'escompte, les propriétés d'enseigne et
d'achalandage, le débit des drogueries,
herbages et autres articles essentiels à la
santé publique.

Ils laissèrent dans le domaine souvent un
peu vague de l'*usage* les droits de courtage
et de commissions diverses; de celle *du
croire* nommément, des conditions de vente,
le change de monnaies, les constatations
d'avaries de terre, les devoirs des commis
voyageurs, etc. etc.

Ce qu'ils traitèrent plus fugitivement

encore ce fut le droit nautique, ou la partie
législative du commerce maritime. La belle
ordonnance de 1681 fut jetée par intercal-
lation et toute syncopée à travers les titres
du code de commerce de terre sans aucune
des modifications que réclamaient ses cent
vingt-six années de durée.

Pas un seul mot n'y fut prononcé, ni
sur les droits des pavillons, ni sur les consulats, ni sur les assistances de la marine
militaire pour les escortes, convois ou
voyages en conserve, ni sur les relâches et
surrestaries, les prises maritimes, ni sur les
pêcheries, pilotages, cabotages ou commerce interlope, la police des ports, etc.

Cette police, qui appartenait autrefois aux amirautés, tribunaux mi-partie
judiciaires et administratifs, a été laissée
aux soins d'administrations locales qui ne
règlent pas toujours le contentieux comme
doivent l'être les intérêts pécuniaires.

Toutes dissonances parurent tolérables
à l'ordonnateur d'alors, infatué de son système de blocus continental, des brûlures
de marchandises, des préhensions de

chambres ardentes sur les grandes fortunes, et d'ailleurs rebuté par ses défaites sur mer, au point d'affecter le dédain de toute entreprise maritime, et de confondre les budjets de la marine dans son grand budjet de la guerre.

Quoi qu'il en soit des imperfections de ce Code et de leurs causes, le remède toujours possible est à la disposition du gouvernement; tous les vœux le provoquent avec ardeur; le salut de tous le commande.

Une prompte remise en vigueur des réglemens de bourse avec les additions répressives de tous les abus de marchés *à terme* et *à livrer*, et de tout arbitraire dans ceux réels;

L'immédiate abolition des lois fiscales en ce qu'elles taxent la misère, le passif des faillites, les déficits de successions;

L'abolition aussi des jeux publics et des loteries;

Des améliorations importantes aux lois sur les brevets;

Des lois spéciales qui règlent la matière des assurances contre l'incendie,

Et tout le système de la mutualité;

Des modifications importantes au régime actuel des faillites et banqueroutes,

A celui des arbitrages forcés;

En un mot le complément et la mise en harmonie de tous les réglemens nécessaires tant au commerce de terre qu'à celui maritime:

Tels sont en esquisse rapide les matériaux que l'on se propose de coordonner dans le traité général des matières contentieuses du commerce.

§ VII.

Jurisprudence commerciale.

Dans l'état actuel du commerce, il faut placer ici une indication : c'est celle de la *jurisprudence*, qui sur tous les cas douteux, et par voie d'interprétation des textes ou des usages controversés, donne des solutions positives.

Elle remplace avec plus d'autorité les opinions des jurisconsultes anciens qui, interrogés sur le sens ou les effets d'une loi discutée, donnaient les raisons de décider sous la rubrique de *responsa prudentum.*

Journellement les cours et tribunaux enrichissent ce vaste champ de la jurisprudence par la sagesse, la force, la lucidité, la concision de leurs motifs. Des rédacteurs exercés tiennent registre de ces savantes délibérations.

Accidentellement si quelque erreur échappe à la faillibilité de ces interprètes de la loi, une cour suprême dans la hiérarchie des pouvoirs judiciaires rectifie ces déviations accidentelles, et restitue à la loi positive toute sa puissance, en la corroborant du crédit plus entraînant peut-être pour les justiciables de *la chose jugée!*

Désormais la plus grande publicité est donnée à tous ces oracles de la justice distributive : des journaux nombreux en sont devenus à la fois les archivistes et les hérauts. Le *Bulletin de Cassation,* le *Journal du Palais,* les recueils de Sirey, sagement circonscrits dans les bornes de la science et d'une morale discrétion, publient périodiquement l'instruction toute seule.

Il est manifeste que les monumens nom-

breux et trop dissémiués de la jurisprudence adaptés à chacune des matières
auxquelles ils se réfèrent en y répandant
plus de lumières, ne pourront qu'opérer
une impression plus profonde de la doctrine
commerciale.

S'il est possible d'ajouter à l'instruction
qui jaillira d'un tel ensemble, ce sera par
le rapprochement des lois que les étrangers
ont adoptées chez eux sur les mêmes caté-
gories du droit commercial. L'indication
des discordances ou des affinités deviendra
le terme de la conviction et le régulateur
absolu des spéculations lointaines.

§ VIII.

Auteurs classiques.

Le droit commercial a aussi ses Cujas,
ses Dumoulin, ses Pothier, apôtres de sa
morale, propagateurs zélés de ses doctrines
positives, athlètes vigoureux dans les controverses, traducteurs profonds du vrai
sens de ses lois, créateurs à leur tour par
leur prescience et leurs lumineux aperçus
des dispositions qui lui manquent; ses *au-*

teurs spéciaux enfin tellement accrédités, tellement sages, tellement abondans que les législateurs entraînés plus d'une fois ont réduit leurs décrets à n'être que la simple sanction souvent littérale des maximes qu'ils avaient professées.

Savary dans son *Parfait Négociant* est encore dans sa vieille méthode le guide le plus familier de tous ceux qui pratiquent le commerce; du négociant qui de son comptoir va siéger comme magistrat au sanctuaire de la justice; comme de tous ceux de ses auxiliaires qui veulent à sa modeste barre donner quelque poids à leur patronage.

Vaslin, ce commentateur érudit de l'ordonnance de la marine de 1681, si habile à mettre en valeur la richesse du texte, maître si exercé dans la science du droit nautique, subrécargue si chargé des diplômes de la marine étrangère, vrai Bias pour l'enseignement des usages et des pratiques maritimes;

Emérigon, ce jurisconsulte plus initié peut-être aux sources de l'ancien droit, investigateur plus soigneux des autorités et des opinions légales reçues dès long-temps dans les ports étrangers, fertile en citations des monumens de la jurisprudence des amirautés, ayant su compulser tous les dépôts de la science nautique, et en former les élémens compacts de ses deux traités des *Assurances et du Contrat à la grosse aventure*.

A côté de ces grands maîtres de la science des lois commerciales et maritimes arrivent avec des titres qui commandent de s'y arrêter l'auteur de l'*Art des Lettres de Change*; Dupuis de la Serra, qui en a fait un petit chef-d'œuvre d'érudition cambiste; Toubeau, auteur des *Institutes du Droit consulaire*, le Montaigne de la jurisprudence commerciale, qui a traité surtout avec profondeur le chapitre de la juridiction et de la compétence; les *Commentaires* de Jousse et de Bornier, qui ont le mérite d'adapter au texte de nos deux célèbres ordonnances les principes généraux du droit civil.

On priverait la France de moyens d'enseignement bien précieux si, s'en tenant à son propre fonds, on négligeait de diriger l'étude de sa législation vers les autorités que fournissent les divers ouvrages composés à l'étranger,

Tels que les inimitables *Précédens* recueillis de longue main dans les savantes décisions de la *Rote de Gênes ;*

Et les nombreux phares placés aux bords de la Baltique par la docte Allemagne; Heineccius, Fullemann, Loccœnius *de Jure maritimo*, etc. ; Casaregis, Stracka, Jean-Pierre Ricard, *Traité de la Banque d'Amsterdam ;* le Hollandais Bynkersoer, et tant d'autres dont la liste conduirait trop loin.

Tous ces ouvrages prêtent trop à de précieuses analyses pour que l'auteur néglige d'en enrichir son traité.

Viennent pour y faire suite de nos jours les œuvres déjà si nombreuses de cet infatigable professeur qui, suffisant et au-delà aux travaux de Thémis, à ceux de la tribune et aux exercices du professorat, trouve encore tant de veilles à consacrer à l'instruction du commerce. On annonce de M. Pardessus un ouvrage en six volumes, qui doit faire connaître toutes les lois commerciales du globe ; collection inappréciable en ce qu'elle prépare des conciliations de doctrine d'où peut résulter un jour l'uniformité si désirable dans les rouages de l'institution cosmopolite du commerce.

A ce recueil, où doit singulièrement se puiser la connaissance substantielle du droit positif écrit chez les différens peuples, viendra se joindre la notice tirée des rapports des anciens capitaines marchands, de ceux des voyageurs et des géographes sur les *usages* pratiqués chez les nations étrangères, et qui ne sont consignés nulle part.

Ainsi sera rapprochée et réduite toute la doctrine qui doit être l'objet des études du négociant et de tout défenseur du négoce.

Heureuse notre époque, plus heureuse la vieillesse de l'auteur, si le plus accompli de ses élèves, (Ambroise Gautier, avocat) puits de science en droit commercial, consultant si remarquable, rédacteur consommé, ne venait pas tout récemment de nous être ravi par une mort prématurée, qui nous réduit à la possession précieuse il est vrai de notes manuscrites !

Toutefois de grandes espérances d'une utile collaboration nous restent dans cette jeunesse laborieuse, ardente et sage, qui s'essaie au barreau par des études solides et par des exercices d'éloquence judiciaire aux merveilles de l'art oratoire et à la composition même des lois. Elle saura au premier appel prêter assistance pour l'achèvement de ce grand travail.

Une telle conception, pour être mûrement exécutée en peu de temps, a besoin surtout des suffrages et des encouragemens du public. Puisse cet essai lui en avoir démontré l'utilité, et le porter à accueillir une souscription qui seule peut soutenir une aussi vaste entreprise !

Il importe essentiellement au commerce que tant de travaux épars sur sa législation soient réunis pour ne former désormais qu'un seul corps de doctrine.

FIN DE LA DISSERTATION.

TABLE DES MATIÈRES

DE LA DISSERTATION.

TROISIÈME PARTIE,

FIN DE LA TABLE.